CATS

日本キリスト教会 大信仰問答

The Larger Catechism of Church of Christ in Japan

一麦出版社

目 次

Soli Deo Gloria

大信仰問答　序文

　信仰問答は何のために作成されるのか、その目的は何でしょうか。日本キリスト教会憲法は、「信仰の教育と訓練」を第一の目的とし、第二の目的を教会員のこどもや求道者を「信仰告白に導くため」と定めております（「日本キリスト教会は、信仰の教育と訓練のため、また人々を信仰告白に導くため、改革教会の諸信仰問答および日本キリスト教会が制定した諸信仰問答を用いる」憲法第３条）。

　改革教会の代表的信仰問答であるハイデルベルク信仰問答は、１．こどもたちの信仰教育、２．教会員を導くための説教者のガイド、３．信仰告白の一致の規準、という三つの目的をもって制定されました。

　日本キリスト教会においては、これまで、教会員のこどもたちを信仰の告白に導くため、また求道者を受洗に導くために「小信仰問答」が編まれ、求道者の受洗準備のために広く用いられてきました。「小信仰問答」によってハイデルベルク信仰問答の第一の目的が担われてきたのに対して、「大信仰問答」には、ハイデルベルク信仰問答の第二の目的である「説教者のガイド」、および第三の目的である「信仰告白の一致の規準」としての役割が期待されます。

　神の御言葉は生きており、それに応答するわたしたちの信仰の表明も生きたものでなければなりません。そのような信仰を言い表したものとして、わたしたちは「日本キリスト教会信仰の告白」を保有しています。しかし、短文の簡易信条であるために、その信仰告白をさらに豊かに、深く、詳しく言い表していくことが課題でした。「大信仰問答」は、その課題に応えて「短文の信仰告白の欠け目を補い、日本キリスト教会がキリスト教信仰を十分に言い表す」ために作成されたのでした。

　「大信仰問答」は、日本キリスト教会が日本基督教団を離脱して間もない草創期に、宗教改革の教会が生みだしたジュネーヴ教会信仰問答、ハイデルベルク信

仰問答、ウェストミンスター大・小教理問答を基礎として、そこから学び、それを踏まえて書かれました。今日、「大信仰問答」が制定されたことの意義は、先達が取り組んだ信仰継承の作業を継続することにあります。すなわち、先人たちが宗教改革の諸信仰問答を学んで継承した公同教会の信仰を自分たちの言葉で告白し、言い表したように、わたしたちも同じ継承作業を続け、先人の信仰の言い表しを今日のわたしたちが受け入れ、さらに深め、豊かにし、十分に言い表していくことです。このことは具体的に「大信仰問答」を註解していく作業となるでしょう。

ミョウバンの水溶液に一本の糸をたらすと、そこにミョウバンの結晶ができてきます。しかし、糸をたらさなければいつまでたっても結晶を結ぶことはありません。教会の信仰告白的一致という結晶は、信仰問答という糸をたらすことにより、はじめて、そのまわりに信仰告白の結集が生まれることによって得られます。こうして、教会の信仰の学びの深化と発展が可能となります。

教会の基本的教理、また倫理について、教会員を教育し、訓練していくとき、教えの務めを負っている教師たちは、その務めをそれぞれ単独にではなく、信仰問答を軸としながら協力し、共同で担うことができるようになるでしょう。

日本キリスト教会が生ける神の御言葉を、生き生きと、豊かに、さらに深く、十分に説教し、それを一致して表す告白教会になっていくために「大信仰問答」が制定され、ここに出版されることを心から喜び、主の御名に感謝と賛美をささげます。

　　ラウス・デオ　神に賛美
　　2020 年 10 月

　　　　　　　日本キリスト教会信仰と制度に関する委員会
　　　　　　　　　　委員長　澤正幸

CATS

日本キリスト教会

大信仰問答

序説　真に求めるべきもの

あなたがたは主を求めよ、そして生きよ。アモス 5：6

まず神の国と神の義とを求めなさい。マタイ 6：33

問1　人間は真に生きるために、何を求めるべきでしょう

か。

答　それは、まことの神を知り、神を崇めて、生きること
であります。

申命 30：20、詩 119：77、アモス 5：6、マタイ 4：4（申命 8：3）、
マタイ 16：25—26、ヨハネ 6：51

1) 出エジプト 6：7、箴
1：7、エレミヤ 24：7、
ホセア 6：3、ヨハネ 6：
68—69、17：3、ガラ
テヤ 4：9、Ⅰヨハネ 5：
20。
2) 詩 22：23（新共同訳
24）、イザヤ 24：14
—15、マラキ 1：2、
ローマ 11：36、15：6、
Ⅰコリント 10：31。

問2　それはなぜでしょうか。

答　そのわけは、この人生を覆っている悲惨・虚無・不安
などの根本的な原因は、人間が神から離反したことに
あるからです。そのために自己中心となり、人生の
目標も生きる意味をも見失っているのです。

詩 130：1—3、箴 9：6、伝道 9：3、イザヤ 55：1—3、ローマ 7：24

1) アモス 5：16—17、
ローマ 1：26—31、3：
16、ヤコブ 5：1—3。
2) 列王下 17：15、ヨブ 7：
3、伝道 6：12、ロー
マ 1：21、3：12、

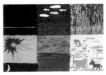

8：20、エペソ 4：17。
3）申命 31：17、詩 30：7（新共同訳 8）、イザヤ 7：2、32：10—11、マタイ 24：6、ヨハネ 14：1。
4）マタイ 7：23、Ⅰテモテ 6：5、ヘブル 3：12、Ⅱペテロ 2：15。
5）イザヤ 53：6、マタイ 16：23、ローマ 8：5、ピリピ 2：4、3：19。
6）エレミヤ 50：6、ユダ 10—11。

問3　どうすれば、その神を知ることができますか。

答　まず、神の光に照らされなければなりません。

詩 36：9、イザヤ 60：1—2、ルカ 1：76—79、ヨハネ 1：9、使徒 9：3、エペソ 1：17—18、ヘブル 6：4、ヘブル 10：32、Ⅰヨハネ 2：8

問4　それは、何か神秘的な経験とか、主観的な悟りとかいったものですか。

答　いいえ、そういうこととはまったく違ったものです。これは確かな神認識であって神の啓示に基づくものです。

イザヤ 11：9、ホセア 6：6、Ⅱコリント 4：6、ヘブル 11：1、ヤコブ 1：18

問5　神の啓示とはどういうものですか。

1）ローマ 16：25—26、ガラテヤ 1：12、1：16、エペソ 3：3。
2）ヨハネ 1：14、1：18、6：40、8：19、10：30、14：9—11、エペソ 1：8—9。

答　神の啓示とは、イエス・キリストの福音において、神が御自分を私たちにあらわしてくださることで、これは、あわれみをもって、私たちが神を知り得るところにまで来てくださることであります。

出エジプト 3：1—6、エペソ 1：17—19

問6 イエス・キリストの啓示において神を知るということが、全く新しい唯一の神認識であることはわかりましたが、その「神を知る」ことと「神を信ずる」こととは、別なことですか。

答 いいえ。神を知るということは、罪人を招きたもう恵みの神との出会い[1]において与えられるものですから、神の真実を信ずることと同じ経験です。そして信ずる者は、ひたすら罪を悔い改め[2]、神に帰り[3]、新たに生きるものとされるのです[4]。

詩9：10、イザヤ43：10、ヨハネ6：69

1) 創世28：10—22、出エジプト3：18、使徒9：1—9。
2) マルコ1：15、使徒2：38、Ⅱコリント7：10。
3) 申命30：2—10、30：10、哀3：40、ヨエル2：12—13、ルカ15：11—19、17：18、使徒26：20。
4) エゼキエル18：31—32、ヨハネ3：3、Ⅱコリント5：17。

問7 新たに生きるとはどういう意味ですか。

答 それは、人間の心が真理の御霊によって聖別され[1]、古いおのれを脱ぎ捨て[2]、新たにイエス・キリストを着て[3]、ひたすら「神の国と神の義」とを求めて生きる[4]ことです。

Ⅱコリント5：17、ガラテヤ6：15、テトス3：6

1) ヨハネ17：17—19、ヘブル9：13—14、Ⅰペテロ1：2。
2) エペソ4：22—24、コロサイ3：9。
3) ローマ13：14、ガラテヤ3：27、エペソ4：24、コロサイ3：10—11。
4) 列王上3：10—14、マタイ6：33、ルカ12：31

問8 神の国とはどういうものですか。

答 神の国とは、神が世界とその中のすべてのものを御こころのままに現に支配しておられる秩序と、終わりの日に成就される約束の国とをふくめていうのです。

創世3：15、詩110：1、ダニエル7：14、マタイ12：28、マタイ16：28、ルカ17：21、黙示22：1—4

問9 神の義とは何ですか。

答 神の義とは、神と人との間の正常な関係のもととなるものです。義なる神は本来人間に対して義を求め

られますが、現に罪に堕ちて、神の求められるような
義を失っている人間には、恵みにより神の義を与えて、
罪人を審きつつ救ってくださるのです。

詩11：7、詩71：2、イザヤ51：5—8、イザヤ53：11、マタイ5：17
—20、ローマ1：7、ローマ2：13、ローマ3：21

問10　まことの神を知り、そして、信ずることは、神を
崇め、神の国と神の義とを求めて生きることである、
と言えますか。

答　そうです。

申命24：13、ヨブ29：14、詩45：4、マタイ6：33、ローマ10：16—
17、ローマ15：7、Ⅰコリント13：13、ピリピ1：11、ピリピ2：
11、Ⅰテサロニケ2：12、ヤコブ4：7、黙示1：6、黙示5：10、黙
示14：7、黙示19：5—8

問11　このような恵みと真理とを与えてくれる知識をど
こに求めるべきでしょうか。

答　その唯一の道は聖書に聞くことです。

申命6：4、サムエル上3：9、ヨハネ5：39—40、ローマ10：16—17、
Ⅱテモテ3：14—17

第1部

信仰篇

第1章　聖書

聖書は、すべて神の霊感を受けて書かれたものであって、
人を教え、戒め、正しくし、義に導くのに有益である。Ⅱテモテ3：16

神の言は生きていて、力があり、もろ刃のつるぎよりも鋭くて、
精神と霊魂と、関節と骨髄とを切り離すまでに刺しとおして、
心の思いと志とを見分けることができる。ヘブル4：12

問12　どうして、聖書だけが神の言と言われるのですか。

答　他の宗教の経典は、いずれも、人間から出た知恵に基
　　づく宗教的教養や行事を記したもので、こういうもの
　　によっては、人間はどうしても神の真理に到達するこ
　　とができません[1]。これに対して、聖書だけが神御自身
　　の御旨と人間に対する恵みとについて神の証しされた[2]
　　ままを記した書物であるからです。

1) 詩119：105、マタ
　イ22：29、使徒4：
　12、ローマ1：25、
　Ⅰコリント1：21、
　コロサイ2：8。
2) 詩19：7-8（新共
　同訳8-9）、ルカ24：
　27、ヨハネ5：39、
　18：37、ローマ4：3、
　Ⅰコリント2：7、Ⅰ
　テモテ1：15、ヤコ
　ブ4：5-6、Ⅰヨハ
　ネ5：9-12、黙示1：9、
　19：10、22：18-21。

問13　神の証しの書物とは、どういう意味ですか。

答　神はただ一度[1]、イエス・キリストの教えと御業とにお
　　いて御自身を啓示されましたが[2]、その神は聖書の中に、

1）　ヘブル 7：27、9：
12、9：26、10：10。

2）　ヨハネ 14：6—7、
ローマ 1：17、3：21
—26、5：8—10、ガ
ラテヤ 3：13—14、
エペソ 1：9、3：3—5。

3）　ヨハネ 5：39、6：
63、10：35、20：31。

4）　マタイ 22：29—31、
使徒 28：25、エペソ
2：20、Ⅱテモテ 3：
16—17。

5）　ヨハネ 17：8、17：
14、使徒 7：38、ロー
マ 15：4。

1）　イザヤ 9：6—7（新
共同訳 5—6）、コロサ
イ 2：17、ヘブル 8：
5—6、10：1。

2）　マタイ 5：17、13：
14、ルカ 4：21、ヨ
ハネ 1：17、使徒
13：33、ローマ
13—14、10：4。

3）　ルカ 1：55、1：68
—79、24：44、ヨハ
ネ 1：45、5：39、Ⅰ
コリント 10：3—4。

1）　サムエル下 23：2、
エゼキエル 2：1—4、
使徒 28：25、ヘブル 3：
7、Ⅱテモテ 3：16—
17、Ⅱペテロ 1：21。

2）　詩 119：111、Ⅰコ
リント 1：6、Ⅰペテ
ロ 1：10—11、Ⅰヨ
ハネ 5：9、黙示 1：1
—3、19：10。

㊟　「日本キリスト教会
信仰の告白」、カルケ
ドン信条参照。

この福音の啓示を、生ける生命の言として記録し、こ
れを、信仰と生活との誤りなき規準として、私たちに
与えたもうたのです。それゆえ、聖書はまったく神の
啓示の証しの書であります。

申命 5：22、Ⅰコリント 1：6、Ⅰコリント 2：1

問14　新約聖書が福音の言としての恵みの啓示の書であ
ることはわかりますが、旧約聖書についてはどう考え
たらよいでしょうか。

答　旧約と新約とは、影と実体、約束と成就との関係で
す。ゆえに、旧約はすべて新約の光に照らされ、イエス・
キリストを証ししていますから、旧約聖書も新約聖書
と同じように啓示の書であります。

使徒 3：17—26、ヘブル 1：1—2、ヘブル 11：13

問15　聖書は誰によって記されたものですか。

答　預言者と使徒たちとによって記されました。この人た
ちは聖霊の感動によって、神御自身の証しを記したも
のですから、人の言葉でありつつ、本来の著者は神御
自身であります。

使徒 3：21、Ⅰコリント 2：13、Ⅱコリント 2：17、Ⅱコリント 4：2、
Ⅰテサロニケ 2：13、Ⅱペテロ 1：21

問16　聖書が神の言であって、同時に、人の言葉である
ということは矛盾したことでありませんか。

答　いいえ、矛盾ではありません。永遠の言であるキリ

ストが「真の神にして真の人」となられたのですから、聖書も人の言葉でありつつ、まことの神の言でありま
す。

ヨハネ 1：14、ヨハネ 5：24、ヨハネ 5：38—39

問17 聖書が神の言であるとしますと、その中に誤りは
まったくありませんか。
答 神の恵みとまことの証しとしては、いささかの誤りも
ありません。しかし、器としての文字は造られた人間
のものである以上、人間の言葉のもつ制約と不自由さ
とにまとわれていることはやむをえません。

エペソ 1：13、コロサイ 1：5、Ⅱペテロ 1：19—21

問18 それでもなお、聖書はすべて神の言であると言え
ましょうか。
答 もちろんです。神は聖霊によって文字と言葉とを導
き、みちからをもって満たし、聖書の中に聖霊におい
て現臨し、それが神の言であることを証ししておられ
ます。

ヨハネ 3：34、ヨハネ 16：13、Ⅰコリント 2：14、Ⅱテモテ 3：16、
ヘブル 4：12、Ⅱペテロ 1：20—21

問19 聖書に正典としての権威を与えたのは何ですか。
答 66巻の書物を正典として受け入れたのは教会ですが、
教会がそのように導かれたのは、聖書そのものが本来
もっている神の言としての権威によるのです。

ルカ 4：32、Ⅰコリント 2：12、ヘブル 4：12、Ⅰペテロ 1：23、Ⅱペ
テロ 1：20—21

問20 聖書が、旧約聖書・新約聖書、つまり契約の書と
よばれているのは、どういう意味ですか。

答 それは、神が恵みの経綸を行うために、人間と結ば
れた契約[1]を記したものであるからです。そして、その
契約はイエス・キリストにおいて私たちに証印されて[2]
いるのです。

1) 創世 17：7、出エジプト 6：2−8、レビ 26：9、エレミヤ 31：33−34、ルカ 1：72−75、22：20、使徒 3：25、ヘブル 8：6−13。
2) Ⅱコリント 1：22、エペソ 1：13、4：30。

問21 旧約聖書は、どういう書物から成り立っています
か。

答 神とイスラエルとの律法的関係を記した 17 巻の
歴史的文書[1]、5 巻の詩文書[2]、17 巻の預言的文書[3]からなっ
ています。

1) 創世記、出エジプト記、レビ記、民数記、申命記、ヨシュア記、士師記、ルツ記、サムエル記上、サムエル記下、列王紀上、列王紀下、歴代志上、歴代志下、エズラ記、ネヘミヤ記、エステル記。
2) ヨブ記、詩篇、箴言、伝道の書（コヘレトの言葉）、雅歌。
3) イザヤ書、エレミヤ書、哀歌、エゼキエル書、ダニエル書、ホセア書、ヨエル書、アモス書、オバデヤ書、ヨナ書、ミカ書、ナホム書、ハバクク書、ゼパニヤ書、ハガイ書、ゼカリヤ書、マラキ書。

問22 新約聖書は、どういう書物から成り立っています
か。

答 イエス・キリストの教えと生涯とを記した 4 巻の
福音書[1]、使徒たちの働きを記した 1 巻の記録[2]、使徒た
ちの記した信仰と生活とについて教える 21 巻の書簡[3]、
および、終わりの日の待望とその成就とを記した 1 巻
の預言書[4]からなっています。

1) マタイによる福音書、マルコによる福音書、ルカによる福音書、ヨハネによる福音書。
2) 使徒行伝（使徒言行録）。
3) ローマ人への手紙、コリント人への第一

の手紙、コリント人への第二の手紙、ガラテヤ人への手紙、エペソ人への手紙、ピリピ人への手紙、コロサイ人への手紙、テサロニケ人への第一の手紙、テサロニケ人への第二の手紙、テモテへの第一の手紙、テモテへの第二の手紙、テトスへの手紙、ピレモンへの手紙、ヘブル人への手紙、ヤコブの手紙、ペテロの第一の手紙、ペテロの第二の手紙、ヨハネの第一の手紙、ヨハネの第二の手紙、ヨハネの第三の手紙、ユダの手紙。

4) ヨハネの黙示録。

問23 聖書をただしく理解するためには、どうしたらよいのですか。

答 聖書は聖霊の感動によって書かれたものですから、これを読むものも、つねに聖霊に導かれなければなりません。また、聖書は聖書自身によって理解されなければなりません。

イザヤ 59：21、ヨハネ 5：46—47、Ⅰコリント 2：10—13、Ⅱペテロ 1：20、Ⅰヨハネ 2：27

問24 それを具体的に言えば、どういうことですか。

答 生命の言である聖書は、日毎の糧ですから、つねに一人ひとりがこれに親しみ、また、その教えるところに聴き従わねばなりません。

しかし、聖書はとくに御言を委ねられた教会の書であり、イエス・キリストの体である教会を形成する権威の言ですから、「すべてのものを、すべてのもののうちに満たしているかたが、満ちみちている」教会の宣教

1) Ⅱテモテ 3：15。
2) ルカ 11：28、ヨハネ 13：17、ヤコブ 1：22
3) ルカ 4：16—21、使徒 13：15、ローマ 10：17。

と交わりの中で、読まれ、また、聞かれなければなり
ません。³⁾

第2章　神

イスラエルよ聞け。われわれの神、主は唯一の主である。申命記6：4

わたしたちには、父なる唯一の神のみがいますのである。Ⅰコリント8：6

父と子と聖霊との名によって。マタイ28：19

問25　神と永遠とを思う心は、人にそなわっているので、すべての宗教は実質的には同じもので、どの神々も同じものの異なったあらわれにすぎないのではありませんか。

答　そのように考えることは間違いです。罪のために心の暗くなった人間の心にうかぶ神々は、ゆがめられた神観念か、偶像です。

列王下21：1−7、イザヤ2：8、エレミヤ23：16、ハバクク2：18−19、マルコ12：24、Ⅰコリント12：2、ガラテヤ5：20、Ⅰペテロ4：3

1) 伝道（新共同訳コヘレト）3：11、使徒17：22、ローマ1：20。
2) 列王下17：35−36、ホセア4：15、ゼパニヤ1：5。

問26　偶像とは何ですか。

答　偶像は、本来存在しないものであって、人間の神々を

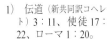

1) イザヤ46：9、エレ
ミヤ10：15、Ⅰコリ
ント8：4、コロサイ3：
5。

2) イザヤ44：9－17、
ピリピ3：19。

思う心が生んだ観念や感情や欲望の神格化されたもの
にすぎません。2)

問27 聖書の教える神はどのような御方ですか。

答 聖書の教える神は、唯一にいまし、いまさざるとこ1)
ろなく、無限・永遠・不変なる、見えざる霊であって、2) 3) 4)
父と子と聖霊なる三つの位格をもち、知恵、力、聖、5) 6) 7) 8)
義、善、真、において完全であられ、愛とあわれみと9) 10) 11)
に富み、栄光に満ちたもう全き御方であります。そして、12) 13)
イエス・キリストにおいて御自分を啓示され、私たち
との間に人格的関係をつくられる御方であります。

1) 申命4：35、4：39、
6：4、イザヤ45：5、
Ⅰコリント8：4、8：6。

2) 詩139：7－10、エ
レミヤ23：24。

3) 創世21：33、申
命33：27、詩90：2、
イザヤ40：28、ロー
マ16：26、Ⅰテモ
テ1：17。

4) マラキ3：6、ヨハ
ネ4：24、コロサイ1：
5、Ⅰテモテ1：17、
ヤコブ1：17。

5) マタイ3：16－17、
28：19、ヨハネ14：
16、Ⅱコリント13：
13。

6) ローマ11：33、
16：27、エペソ3：
10、コロサイ2：3。

7) 創世17：1、イザヤ
13：6、14：27、黙示
1：8、4：8。

8) イザヤ6：3、5：
16、43：15、使徒3：
14、黙示4：8。

9) 申命32：4、詩
119：137、エレミヤ
12：1、ヨハネ17：25、
ローマ3：21－26。

10) 申命32：4、エペ
ソ1：11、ローマ8：
28。

11) 詩117：2、エレ
ミヤ10：10、ローマ
3：4、Ⅱコリント1：
18、Ⅰヨハネ5：20。

12) 出エジプト34：
6－7、エレミヤ3：
12、ルカ6：36、エ
ペソ2：4、Ⅰテモテ1：
2、ヤコブ5：11、Ⅰ
ヨハネ4：8。

13) イザヤ6：3、マタ
イ5：48、ヨハネ1：
14、ローマ11：36、
黙示4：11。

第1部 信仰篇

問28　神が御自分をそのような御方として啓示されたのは、どこにおいてですか。

答　まず、イスラエルの歴史においてです。神はこの民を選び[1)]、これと契約を結び[2)]、導き[3)]、贖い[4)]、審き[5)]、救い[6)]たもうことによって、唯一の生ける神として御自分を啓示されました。

　出エジプト6：1—8、ネヘミヤ9：6—37、使徒7：1—53、ヘブル11：2—12：1

1) 申命4：37、14：2、詩105：5—6、イザヤ41：8—9。

2) 創世17：1—8、出エジプト34：27—28、申命29：10—15（新共同訳9—14）、詩89：3—4（新共同訳4—5）、イザヤ54：10。

3) 申命8：2—7、詩23：1—3、イザヤ40：11、エゼキエル34：11—16。

4) 出エジプト6：6、申命7：8、詩31：5（新共同訳6）、イザヤ1：27、43：1、44：22、53：1—12。

5) 申命32：36、イザヤ3：13、エゼキエル18：30。

6) 出エジプト14：30、イザヤ43：3、45：15、45：21、49：26、エレミヤ17：14、ホセア13：4。

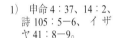

問29　神が、その恵みとまこととを最終的に啓示されたのはどこにおいてですか。

答　イエス・キリストの人格とその御業とにおいてです。

　エレミヤ33：14—16、ヨハネ1：18、ヨハネ6：46、ローマ1：17、エペソ1：9—11、コロサイ1：15、Ⅰテモテ6：16、テトス2：11、テトス3：4

問30　自然や人生の事実も、神の神性と力とをあらわしているのではないでしょうか。

答　たしかに、造られたものは神の神性と力とをあらわしていますが、人間の救いについては沈黙しています。

　詩19：1—4（新共同訳2—5）、ローマ1：20、使徒4：11—12

問31 それでは、人間の救いについては、神はどのように御自分をあらわしておられますか。

答 まず、「天地の創造主、全能の父なる神」として示しておられます。

注 使徒信条（『日本キリスト教会信仰の告白』の後半部は使徒信条）。

問32 創造主とはどういう意味ですか。

答 創造主とは、神がすべてのものを、御自分の栄光のために無から創造し 1)、主権的に 2)、御手の中に保持し 3)、支配しておられること 4) を言うのです。

創世1：1、詩33：6、ヘブル1：10

1) イザヤ43：7、ローマ11：36、ヘブル11：3。
2) ダニエル4：3（新共同訳3：33）、4：34（新共同訳31）、ユダ25、黙示5：13。
3) 詩51：12、イザヤ45：6−8、マタイ6：25−32、10：29−31、使徒17：28、ヘブル1：3。
4) 詩83：18（新共同訳19）、93：1、エレミヤ10：10、23：5、黙示11：15。

問33 神の御支配は、どこに顕れていますか。

答 それは、御手の業である自然や人生の事実にも、摂理として顕れていますが、とくに神が御自分の証しのために選びたもうたイスラエルの歴史の事実とイエス・キリストをかしらとする教会の歩みとにおいて明らかです。

歴代上16：8−36、イザヤ52：7、エペソ1：20−23、コロサイ1：15−20

問34 摂理とは何ですか。

答 神が、永遠の御定めに基づき、限りない知恵と愛とによって、世を治め、すべてを神の栄光と人間の幸福とのためになしたもうことを言うのです。

　創世1：28—31、創世8：22、マタイ10：29—31、ルカ12：7、ルカ21：18、ローマ8：28

問35 「父」という呼び名はどういうことを示していますか。

答 それは、御子イエス・キリストの父であり、同時に[1]信ずる私たちの父であることを示しています。そして、[2]知恵と聖と義と愛とに満ち、その恵みとあわれみとの豊かさをもって人間と交わりたもう御方です。

1) ヨハネ14：7、IIコリント1：3、エペソ1：3。
2) ヨハネ20：17。

　申命32：6、イザヤ63：16、マタイ6：26、マタイ7：11、ヨハネ6：40、ヨハネ16：27、IIコリント1：2、IIテサロニケ2：16

問36 「全能」とはどういうことを言うのですか。

答 全能とは、神がその欲したもうすべてのことを、何ものにもさまたげられることなく、御こころのままに、自由になしうる[1]ことを言うのです。そして、この神の全能は御子イエス・キリストと聖霊とにおいて、恵みのまったき自由としてあらわれております。

1) イザヤ14：24、ローマ9：14—18。

　創世18：14、ヨブ42：2、イザヤ13：6、エレミヤ32：17、エレミヤ32：27、マルコ10：27、ルカ1：37

問37 天地の創造主であって全能の父であられる神は、どのような在り方で、人間の救いのために働かれますか。

答 父なる神は、子なる神、聖霊なる神との一体において、恵みの経綸をなしたまいます。

ヨハネ5：17、ヨハネ5：19—29、ヨハネ14：16、ローマ3：25、ローマ8：9—17、Ⅰコリント12：3—6、Ⅱコリント13：13

問38 父なる神と子なる神と聖霊なる神との関係は、どういうものでありますか。

答 それは三位一体の秘義です。父は「なにものよりも成らず、造られず、生まれざる」永遠の自存者。子は父より永遠において生まれたもの。聖霊は父と子から出でるもの。いずれも本質を共にし、能力と栄光とにおいて等しく、それぞれ唯一の神の三つの位格です。こうして、唯一の神は、創造主として、救い主として、また同時に、永遠の生命の附与者として働きたもうのであります。

問39 そのような三位一体なる神の救いの経綸の中心はどこに見られるのでしょうか。

答 それはおのれを低くして受肉された神の御子イエス・キリストにおいてであります。

ヨハネ1：14、Ⅰコリント1：30—31、ピリピ2：5—8、コロサイ1：9—14、コロサイ2：2—5

第3章　人間

神は自分のかたちに人を創造された。創世 1：27

すべて罪を犯す者は、不法を行う者である。罪は不法である。Ｉヨハネ 3：4

すべて罪を犯す者は罪の奴隷である。ヨハネ 8：34

問40　創造主なる神は、人間をどのようなものに造られ
　　ましたか。
答　神が人間を創造された時、御自分のかたちにかたどっ
　　て造られました。そしてこれを男と女とに創造されま
　　した。

　　創世 1：26—28、創世 5：1—3、創世 9：6、詩 8：5—6（新共同訳 6—7）、
　　Ｉコリント 11：7

問41　神にかたどって創造された時、人間はどういう
　　状態でしたか。
答　完全な状態でした。また、理性も良心も罪にけがされ
　　ていませんでしたから、その思いも、言葉も、行為も、
　　すべて神のいましめに背くようなことはなく、祝福に

満ちた神との交わりのうちにありました。そして、神の
中にあるすべての徳を備え、栄えと誉れと自由とをま
とい、永遠の生命の中に置かれておりました。

創世2：8、創世2：16、詩8：5－6（新共同訳6－7）、伝道（コヘレト）
7：29

問42　どうして、神は人間をそのように、御自分のかた
ちに造られたのですか。

答　人間が、神の計画と目的とをたすけ、神の家の管理者[1]
として、世界の秩序を保ち[2]、世界が神の栄光をあらわ
し[3]、また、ほめたたえるためです[4]。

詩8：4－8（新共同訳5－9）

1）　Ⅰコリント4：1－2、
Ⅰペテロ4：10。
2）　創世1：26、1：28、
詩8：6（新共同訳7）、
Ⅱコリント5：18－
19。
3）　イザヤ29：23、43：7、
Ⅰコリント10：31、
Ⅰペテロ4：10－11。
4）　詩22：23（新共同訳
24）、イザヤ24：15
－16、マタイ5：16、
黙示4：11、5：12、5：
13。

問43　それでは、人間に対する神の御期待も大きく、
人間の責任もまた、重大であると言われるのですか[1]。

答　そうです。しかし、人間の現実の有様は恥辱に満ちた[2]、
実に悲惨なものです[3]。

1）　申命7：6－11、ア
モス3：2、ミカ6：8、
ローマ3：10－18。
2）　詩89：45（新共同訳
46）、エレミヤ3：25、
ローマ1：24－32、
ピリピ3：19。
3）　哀3：17－20、ヨハ
ネ15：22、ローマ7：
24－25。

問44　どうして、人間はこのようなものになってしまっ

たのでしょうか。

答 始祖アダムが罪に堕ちた結果、その裔であるすべての人間も真の自由を失い、その全人格が神のかたちを全く損ない、破れたすがたにおいて残されているだけです。

1) 創世 3：12―13、3：23、伝道（コヘレト）7：29。
2) 創世 6：5、エレミヤ 17：9、ヨハネ 8：32―34、ローマ 5：14、6：16。

問45 罪に堕ちたというのは、どういうことですか。

答 それは、人間が神の律法を破り、神から与えられた自由を乱用して、かえって、まことの自由を失ってしまい、欲望と不従順との奴隷となってしまったことです。

1) エペソ 2：2、5：6、テトス 1：16、ヤコブ 1：14―15。

申命 30：17―18、ホセア 6：7―11、ヨハネ 8：34、Ⅰコリント 8：9、ガラテヤ 5：13、Ⅰペテロ 2：16、Ⅰヨハネ 3：4

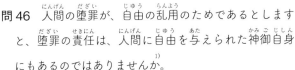

問46 人間の堕罪が、自由の乱用のためであるとしますと、堕罪の責任は、人間に自由を与えられた神御自身にもあるのではありませんか。

答 神がなされたことに、決して間違いはありません。人間が自由を与えられたのは、神の御前に完全になり、神の栄光をあらわすためであるのに、これを自分のために乱用したことに責任があるのです。

1) ヤコブ 1：13、列王上 22：19―23、ヨブ 40：8、エゼキエル 33：17―20。
2) 出エジプト 9：27、民数 23：19、詩 110：4、エレミヤ 4：28。
3) マタイ 5：16、5：48、ローマ 6：13、6：17―23。
4) 詩 51：3―4（新共同訳 5―6）、ガラテヤ 5：13。

問47 罪とは、どういうものですか。

答 罪とは、人間が神を崇めようとしない、徹底的な不従順であって、これは、人間の思いの中にも、行いの上にも、はっきりとあらわれています。すなわち、神が恵みをもって与えたもうた律法の求めをかえりみ

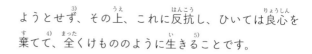

1) ローマ1：21、5：19、Ⅱコリント10：6、エペソ2：2、5：6、コロサイ3：6、ヘブル2：2
2) マタイ5：27-28、12：36、15：19、ガラテヤ5：19-21、ヤコブ4：17。
3) イザヤ5：24、アモス2：4、ホセア8：1、Ⅰテモテ1：8-11、ヤコブ4：11-12
4) Ⅰテモテ1：19、4：2、テトス1：15。
5) ユダ10-11。

ようとせず、その上、これに反抗し、ひいては良心を棄てて、全くけもののように生きることです。

詩51：5（新共同訳7）、エレミヤ16：10-11、Ⅰヨハネ3：4

1) ヨシュア7：19-21、箴21：26、マタイ26：14-16、Ⅰテモテ6：10。
2) ローマ6：21、16：18、ピリピ3：19、ユダ13。
3) ローマ2：8、Ⅱコリント12：20、ガラテヤ5：20。
4) 詩41：9（新共同訳10）、55：12-13（新共同訳13-14）、ミカ7：6、マタイ10：36、24：7。
5) ガラテヤ5：15、Ⅱテサロニケ1：9。

問48　罪の奴隷となってしまった人間の現実の状態は、どんなありさまですか。

答　人間が神と人とに仕えようとせず、自己中心となり、自分の利益と栄誉とをだけ求めることです。これは、結局、おのが恥を光栄とし、おのが腹を神とする偶像崇拝となってあらわれます。また、他のものを自分の欲望の犠牲とすることによって、分裂・対立・抗争を生み出し、人間全体が神の敵となるばかりでなく、人間が人間の敵となってしまい、自分をも世界をも、全く滅亡の淵に追い込んでいます。

イザヤ29：13（マタイ15：9）、ローマ1：18-31

問49　どうしたなら、このような罪を正しく認識することができますか。

答　それは、神がイスラエルに与え、旧約聖書に記された律法において、明らかにされています。

出エジプト20:2-17、申命5:6-21、申命27：26、ローマ3：20、ローマ7：7

問50 罪の実態が、最終的に顕れているのはどこですか。

答 イエス・キリストを十字架につけたことです。

マタイ 27：22—26、ヨハネ 19：14—16、使徒 2：22—23、ピリピ 3：18、ヤコブ 4：4

問51 神は罪に対して、どういう態度をおとりになられますか。

答 罪はまことをもって、計画をすすめられる神への背反ですから、必ず、神の怒りと呪いとを招きます。それゆえ、神はきびしい審判と刑罰とをもってのぞみたまいます。

伝道（コヘレト）12：14、アモス 3：2、マタイ 25：46、ヨハネ 3：36、ローマ 1：18、ローマ 2：2—5、ガラテヤ 3：10、エペソ 5：6、コロサイ 3：5—6、黙示 18：20

問52 神の審判の行われる時は、いつですか。

答 終わりの日です。[1] しかし、人間の希望のない悲惨な現実も、そのまま、神の審判を示すものです。こうして、神の正しい審きの顕れる最後の日のために、神の怒りを、自分の上につみ重ねているのです。

1) エゼキエル 7：5—9、アモス 5：18—20、マタイ 16：27、ヨハネ 12：48、ローマ 14：10、Ⅱコリント 5：10、Ⅱテモテ 4：1。

2) イザヤ 48：22、ローマ 2：8—9、3：16。

問53 実におそろしい現実です。しかし、世の人々はこうしたことに案外無関心で、滅びの道を歩んでいることも気づいていないのではないでしょうか。

答 そうです。罪のおそろしさは人間の霊も肉も腐敗させてしまうばかりでなく、真におそるべきものをおそれる心を失わせてしまうことです。

詩 36：1—4（新共同訳 2—5）、箴 12：15、マタイ 7：13、ローマ 1：

21—22、ローマ3：16—18

問54 罪に対する神の刑罰は何ですか。

答 永遠の死です。

ローマ6：21、ローマ6：23、黙示2：11、黙示20：6、黙示20：14、黙示21：8

問55 そのようなおそろしいことが、始祖アダムの堕罪の結果として、その裔である私たちに及ぶのですか。

答 そうです。

ヨブ15：14、詩51：5、詩58：3（新共同訳4）、ローマ5：12—19、Ⅰコリント15：21—22、エペソ2：3

問56 しかし、人間はひとりで、神と人との前に立っているのではありませんか。アダムはアダム、私たちは私たちではありませんか。[1)]

1) エゼキエル18：1—32。

答 人間は、あなたの言われるような、個々別々の存在ではありません。罪は、アダムから出てアダムにあるすべての人においておかされ、伝わっていきます。その連帯性が人間全体をつつみ、また、とらえている原罪の事実を深く思わなければなりません。

創世6：5、詩53：3（新共同訳4）、ローマ3：10、ローマ5：12、エペソ2：3

問57 そうしますと、人間はみな原罪を担って生まれたのですか。

1) エペソ2：3、Ⅱペテロ2：14。

答 そうです。聖書には人間はみな「生まれながらの怒りの子」[1)]だと言われております。

問58 それでは、人間は、ただ宿命的に罪と死との中に、

うちすてられているのでしょうか。

答 そのように暗く考えてはなりません。神が人間をど

こまでも見棄てられることなく、人間を新たにつくり、

神の子とされようとする恵みの意図は、イエス・キリ

ストの救いの御業の中にあきらかに顕されております。

1) エゼキエル 18：31、
37：1—10、ヨハネ
3：3、Ⅱコリント 5：
17、ガラテヤ 6：15。
2) ローマ 8：14—17、
ガラテヤ 4：6、ヘブ
ル 12：6—11、Ⅰヨ
ハネ 3：1。

イザヤ 45：17、エゼキエル 36：26—28、ヨハネ 3：16—17、
エペソ 1：3—5、Ⅰテモテ 2：4、Ⅱペテロ 3：9

問59 それは、神の永遠の恵みの計画ですか。

答 そうです。神は罪人を贖い出し、終わりの日には「神

のかたち」に栄化しようとして、世のはじめから、イ

エス・キリストによって、救いの御業を成し遂げるこ

とを、自ら定められたのです。

イザヤ 46：8—13、マタイ 25：35、ローマ 3：21—26、ローマ 8：29、
エペソ 1：3—5、Ⅰテサロニケ 5：23—24、黙示 3：5、黙示 13：8

第4章　仲保者

神は唯一であり、神と人との間の仲保者もただひとりであって、
それは人なるキリスト・イエスである。Ⅰテモテ2：5

問60　主なるイエス・キリストはどういう御方ですか。

答　旧約聖書の中に証しされているメシアであって、「真の神にして真の人」、神が神であることをやめることなしに、受肉して、人となられ、こうして、神と人との間の恵みの契約の仲保者となられた御方です。

1) イザヤ9：6−7（新共同訳5−6）、11：1−9、ダニエル9：25、ヨハネ1：41、4：25。
2) ヨハネ1：14、ローマ9：5、ガラテヤ4：4、Ⅰテモテ3：16、ヘブル2：14、Ⅰヨハネ4：2、Ⅱヨハネ7。
3) ピリピ2：6−8、ヘブル5：7、Ⅰテモテ2：5。
4) Ⅱコリント5：19、Ⅰテモテ2：5、ヘブル8：6、9：15、12：24。

問61　神が人となられたということは、イエスのたぐいない人格が人々にそう思い込ませるようになったのではありませんか。

答　そういう考えは明白な聖書の証しと一致しません。元来、ユダヤ人は純粋な唯一神教を奉じた民族で、イエスの弟子たちも、そういう厳格な神観念の中で育っ

1) 出エジプト 20：1
－7（申命 5：6－11）、
申命 6：14－15、列王
下 17：35、イザヤ 45：
18。
2) マタイ 16：16、ヨ
ハネ 20：28、ローマ 9：
5、使徒 9：20、コロ
サイ 1：15－16、 ヘ
ブル 1：3。

た人々です。それでもなお、イエス・キリストを神と
して崇めたということには、深い根拠がなければなり
ません。

ヨハネ 1：14、ヨハネ 5：18、ヨハネ 10：30－33、ヨハネ 19：7

問62　それにしても、どうして神が人となられる必要が
あったのでしょうか。

答　罪は人間性においておかされたのですから、人間の中
からこれを除くためにはどうしても神が人とならなけ
ればならなかったのです。

マタイ 20：18、ローマ 5：15、ガラテヤ 4：4－5

問63　イエス・キリストの御生涯に「真の神にして真の
人」であることを立証するような事実がありますか。

答　もちろんです。私たちがイエス・キリストをそう信
ずる信仰は、キリスト御自身の証しに対する告白応答
です。その証しに基づいて記された使徒信条には、「我
は、その独子、我らの主イエス・キリストを信ず。主は、
聖霊によりてみごもられ、処女マリヤより生れ、ポン
テオ・ピラトのもとに苦難を受け、十字架につけられ、
死にて葬られ、陰府にくだり、三日目に死者のうちよ
り復活し、天にのぼりて全能の父なる神の右に座し給

う。かしこより来りて、生ける者と死にたる者とを審
き給わん」と告白されております。この中の事実はこ
とごとく「真の神にして真の人」であることを示して
おります。

ルカ 1：35、使徒 10：38、Ⅰテモテ 2：5—7、Ⅰテモテ 3：16、ヘブル 7：
20—25

問64　御子がイエスと名づけられたもうたのには、特別
な意味がありますか。

答　イエスとは「神は救いたもう」という意味で、唯一の
救い主の御生涯をあらわしております。

1）ルカ 2：12、ヨハネ 4：
42、使徒 5：31、13：
23、Ⅱペテロ 3：2、3：
18。

マタイ 1：21、ルカ 1：31、使徒 5：30—31

問65　キリストと呼ばれたのは、どういう意味ですか。

答　キリストと呼ばれたのは、メシアすなわち油そそ
がれた者という意味です。旧約聖書において、特に、
預言者・祭司・王たちが油そそがれてそのつとめに任
ぜられたように、主は聖霊によって油そそがれて、私
たちのために、永遠に預言者・祭司・王となられた
御方です。

1）レビ 8：30、イザヤ
61：1、サムエル上 9：
16。

使徒 4：27、詩 45：7（新共同訳 8）、ルカ 13：33、ヨハネ 18：37、
ヘブル 7：24

問66　キリストは預言者として、どういうつとめをされ
ますか。

答　神の御旨を啓示し、真理の言葉をのべることです。

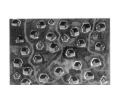

ヨハネ 1：17、ヨハネ 8：12、ヨハネ 14：6、ヨハネ 15：15、使徒 3：
22—26（申命 18：15）、コロサイ 2：3、Ⅰヨハネ 5：20

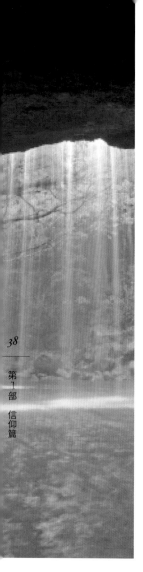

問67 キリストは祭司として、どういうつとめをされますか。

答 彼の民を代表して、贖いのために犠牲をささげて、執り成しをされることです。

詩110：4、レビ4：35、レビ7：35—38、レビ9：5—8、ローマ3：25、ローマ8：34、Ⅱコリント5：21、ヘブル5：6、ヘブル7：15—22、ヘブル9：11—28、Ⅰヨハネ2：1

問68 キリストは王として、どういうつとめをされますか。

答 神の主権をもって統治し、神の国を来らせ、これを成就されることです。

詩2：6—9、詩110：1、ルカ1：32—33、ローマ8：28、Ⅰコリント15：24—25、エペソ1：22—23、黙示11：15

問69 主が「聖霊によりてみごもられ、処女マリヤより生れ」たもうたことは何を示しますか。

答 イエス・キリストが、神から出た真の神、処女マリヤから生まれた罪なき真の人、神性とともに人性をも持たれて、すべての人と同じように、時間と空間との中に生きられた御方であることを示します。

マタイ1：18、ルカ1：27—35、ヨハネ1：14、ローマ1：3—4、ガラテヤ4：4、Ⅰテモテ3：16、ヘブル2：14—15

問70 使徒信条には、イエス・キリストの死と復活と昇天と再臨とが記されているだけで、主の生涯の他の部分については、何ら、記されておりませんが、どういうわけでしょう。

1）ピリピ2：6—11、

答 主の生涯の他の部分を終わりの部分と関係のないも

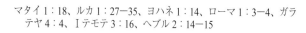

のとして切り離すことはもとよりできません。¹⁾ しかし、とくにその終わりのことがらだけが記されているのは、救い主としての御業が、この時に決定的になされたので、終わりの部分こそ、まことに主の生涯における「わが時」「栄光を受くべき時」であったからです。

マタイ 20：28、ヨハネ 7：6−8、ヨハネ 12：23−24、ヨハネ 12：32、Ⅰコリント 1：23、Ⅰコリント 15：3−5、エペソ 2：16

問71　仲保者とは、どういうつとめをするものですか。

答　私たちを神と和解させるつとめをされる御方です。

ヨハネ 17：22、ローマ 5：1、Ⅱコリント 5：18−21、エペソ 2：14−18、コロサイ 1：21−22

問72　どうして、イエス・キリストだけが、神と人との間の唯一の仲保者なのですか。

答　罪ある人間が、他の罪ある人間のために仲保のつとめをすることはできません。まことの仲保者は神の御前に人間の責任を負い、¹⁾神の義を満たして、²⁾執り成しをなしうる真の人でなければなりません。³⁾神は実に主イエス・キリストにおいて、この道を取りたもうたのです。

Ⅰテモテ 2：4−6、ヘブル 7：22−28、ヘブル 8：6−13、Ⅰヨハネ 2：1

1) イザヤ 53：4、マタイ 20：28、ガラテヤ 3：13、ヘブル 9：28、Ⅰペテロ 2：24。

2) イザヤ 53：11、マタイ 5：17、ローマ 5：19、Ⅰコリント 1：30、エペソ 5：2、Ⅰテモテ 3：16、ヘブル 7：22、9：14、Ⅰヨハネ 2：1−2。

3) イザヤ 53：12、ローマ 8：34、ヘブル 7：25。

問73 イエス・キリストが、仲保者としてのつとめを果たされるためにお取りになった、真の神としての立場と真の人としての立場との関係は、どういうものですか。

答 それは、主が神の独子として、父なる神の御旨に従い、私たちの救いのために、人となられ、そして人間の側に立ってこれを成就されたことです。すなわち、イエス・キリストは、罪人を恵みをもって選びたもう神でありつつ、同時に、選びを受けた人、救いを呼び求めてこれを与えられた人です。このことは、アダムの堕罪によって失われた神の義と神に対する平和とを、はじめて回復し成就されて、おわりのアダムとなられたことを意味するもので、こうして、主はまことの仲保者となられたのです。この事実こそ、信ずるものに与えられる恵みの契約のもといです。

1) ヨハネ6：38－40、エペソ1：3－5。
2) 申命7：6、ヨハネ15：16、15：19、エペソ1：4。
3) イザヤ42：1、マルコ1：2、ルカ9：35。
4) ヨハネ12：27、ヘブル4：15、5：7。
5) エレミヤ23：5－6、ローマ5：1、Ⅰコリント1：30、エペソ2：14－16、Ⅰペテロ1：1。
6) ローマ8：29、Ⅰコリント15：20－23、15：45、コロサイ1：18－22。
7) ヘブル8：6、9：15。

問74 イエス・キリストが、主と呼ばれておられるのも王というのと同様な意味ですか。

答 いいえ。主という言葉はキリストの職能をさして言うよりも、むしろ、権力と力をもって私たちを贖い、導きたもう救いの主に対して、人間のささげる崇めと信頼と服従のまことを込めた呼び名です。

ヨハネ20：28、ローマ10：9、Ⅰコリント8：6、Ⅰコリント12：3、Ⅱコリント4：5、ピリピ2：11、コロサイ2：6、Ⅱテサロニケ1：10－12、Ⅰペテロ3：15

問75 イエス・キリストは、御自分でまことの仲保者で

あることを意識しておられたのでしょうか。

答 もとより意識しておられました。それは御自分を

「子」と呼ばれたことに最も明らかにあらわれておりま

す。主は、神の子であり、同時に人の子であられました。

1) ヨハネ 1：14、1：18、3：16。

2) マタイ 11：19、ルカ 9：22、ヨハネ 13：31。

マタイ 20：28、マタイ 26：24、ヨハネ 5：19—22、ヨハネ 6：40、ヨハネ 14：13

問76 イエス・キリストよりほかに、仲保者はありませ

んか。

答 私たちの神と人との間の仲保者はほかにありません。

それゆえ、イエス・キリスト以外のもの、たとえば、

マリヤや聖者の執り成しなどは全く誤りです。

使徒 4：12、Ⅰテモテ 2：5

問77 しかし、旧約の祭司や、そのささげる犠牲などは

仲保的な性質をもっているのではありませんか。

答 そうです。しかし、それは仲保者イエス・キリストを

予表しているので、実体と影とのような関係にありま

すから、イエス・キリストの事実の光に照らされる時

にだけ、その仲保性が本当の意味をもってくるのです。

コロサイ 2：17、ヘブル 9：9—15、ヘブル 10：11

第5章　十字架の贖い

人の子がきたのも、仕えられるためではなく、仕えるためであり、
また多くの人のあがないとして、自分の命を与えるためである。マタイ 20：28

神は、わたしたちをやみの力から救い出して、
その愛する御子の支配下に移して下さった。
わたしたちは、この御子によってあがない、
すなわち、罪のゆるしを受けているのである。コロサイ 1：13—14

問78　生まれながら罪の奴隷である人間に、律法が与え
られたのはどういう意味でしょう。不可能を強いるも
のではありませんか。

答　律法は、本来は神の人間に対する恵みの契約に基づく
ものでありましたが、今や罪人にとっては、その罪を責
め、死を宣言するものとなりました。

1) 詩 14：1—3、ロー
マ 5：12、6：12。
2) ローマ 3：19—20、
4：15、7：7—13、ガ
ラテヤ 3：10。

申命 17：18—20、ヨシュア 1：7、詩 119：1—5、ローマ 7：12

問79　それでは、律法のもとにある人間には、もはや、生
きる希望がないのですか。

1）出エジプト 34：6、
申命 4：31、ネヘミ
ヤ 9：26−31、ヨハ
ネ 3：16−17、ロー
マ 5：5、5：8、エペ
ソ 2：4、Ⅰヨハネ 4：
8、4：16。

2）ローマ 5：2、8：1
−4、Ⅱコリント 8：9、
ガラテヤ 2：20−21、
ヘブル 10：20。

答　いいえ。神は愛なので、人間がひとたび律法に死んで、新たに慰めのもとに生きる道を、キリストによって開かれたのです。

エゼキエル 33：11、ローマ 7：4、ガラテヤ 2：19

問 80　人間が新たに生きる道を、神がキリストによって開かれたとは、どういうことですか。

答　イエス・キリストの十字架の贖いです。

レビ 4：20、民数 15：25−26、マタイ 20：28、ガラテヤ 3：13、エペソ 1：7、ヘブル 9：11−12、ヘブル 9：14−15、Ⅰペテロ 1：18−19、黙示 5：9

問 81　神は、イエス・キリストの十字架において、御自分をどのように、顕されましたか。

1）創世 18：25、エゼ
キエル 18：30、ヨハ
ネ 5：22、5：27、9：
39、使徒 10：42、ロー
マ 2：2。

2）ネヘミヤ 9：16−
17、エレミヤ 33：
8、アモス 7：2−3、
マルコ 2：10、ルカ
23：34、使徒 5：31、
コロサイ 1：14、Ⅰ

答　神は、御自分が罪人を審きつつ赦す、愛の神であることを、明らかにされました。それは、神が永遠の計画を成就されるために、自らの義を立て、しかも、ただ恵みをもって罪人を救われる方であるからです。

イザヤ 45：21、イザヤ 52：3、イザヤ 54：4−6、ローマ 1：17

ヨハネ 1：9。
3) 出エジプト 34：6
－7、ローマ 3：21－
26、エペソ 2：4－7。

問82 イエス・キリストは、十字架において何を成就さ
れましたか。

答 キリストは罪なき生を完成されて、神の義を満た
し、これを成就されました。すなわち、死に至るまで、
十字架の死に至るまで従われ、こうして神に全き服従
をささげ、人間のなすべくしてなしえぬこと[1]を果たさ
れました。これは、人となられたイエス・キリストが、
父なる神と一体なる独子としてなされたこと[2]であって、
こうして、神は人間の中に神の義を成就されたのです。

ピリピ 2：6－11、ヘブル 5：7－10、Ⅰコリント 1：30

1) イザヤ 53：3－5、
ローマ 8：3、ヘブル
10：1－10、Ⅰペテロ
3：18。
2) ヨハネ 5：36－37、
10：30、14：10。

問83 義なるイエス・キリストは、どのようにして罪を
赦したまいましたか。

答 イエス・キリストは十字架において、その無比なる愛
のゆえに、御自分を罪人の場所に置かれ、人間の受ける
べき律法の呪いを受け、陰府にまでくだり、神の遺棄
を味わわれました。主はこの神の怒りと呪詛、審判と
刑罰とを罪人に代わってのこりなく受けられること
により、神の義をあらわし、同時に、赦罪の根拠をお立
てになりました。

1) マタイ 27：46、詩
22：1（新共同訳2）。

イザヤ 53：1－12、マタイ 20：28、ルカ 22：37、Ⅱコリント 5：14、
Ⅱコリント 5：21、ガラテヤ 3：13、ヘブル 7：27、ヘブル 9：11－
12、ヘブル 9：26－28

問84　しかし、そのような悲惨な死は悪魔に対する勝利ではなくて、むしろ、敗北なのではありませんか。

1) マルコ8：31、ルカ12：50、ヨハネ12：23—24、19：30。
2) Ⅰコリント15：25—26、15：54—57、ヘブル2：14、Ⅰヨハネ3：8、黙示17：14。

答　いいえ。そうではありません。キリストはこれを人間的な運命として受けられたのではなく、自ら進んで負われたのです。主が人間に代わって負われた十字架[1]こそ、罪と悪魔のちからとを打破した神の勝利でありました。[2]

問85　イエス・キリストの十字架によって、私たちの救いのために何が成し遂げられましたか。

1) ヘブル9：12。
2) ローマ3：24、10：14、コロサイ1：14、黙示1：5。
3) エペソ2：5、コロサイ2：14、ヘブル9：15。
4) ローマ5：10、Ⅱコリント5：18、5：20、エペソ2：14—18。
5) ローマ8：14—17、ガラテヤ4：4—5、Ⅰヨハネ3：1。

答　神は宥めの供物なるイエス・キリストの犠牲によって、永遠の贖いを成就し[1]、これによって人間を罪の束縛から解き[2]、その罪過を取り去り[3]、罪人を御自分に対して和らがせ[4]、子たる身分を授けてくださったのです。[5]

問86　イエス・キリストが御自分を犠牲とされたというのは、どういうことですか。

答　人間を神に執り成すために、大祭司のつとめをされたことであります。

イザヤ53：12、ローマ8：34、ヘブル7：25、ヘブル9：24

問87　キリストの祭司職は、旧約の祭司職と同じ性質のものでしたか。

答　いずれも、神と人とを和らがせ、恵みの契約にあずか

らせるつとめであったことでは同じです。しかし、その

相違する点は、第一には、イエス・キリストは御自分

を犠牲として献げられ、しかも、ただ一度の犠牲に

よって、このつとめを永遠に成就されたこと、第二に

は、旧約の犠牲はそれ自体には力がありませんでした

が、キリストの犠牲は神に喜ばれる永遠の犠牲であり、

同時に、人間の中に神の義を立て、人間を潔める力の

あるものであったことです。

ヘブル 8：8—13、エレミヤ 31：33—34

1）　ローマ 3：25、ヘブル 9：12—14。
2）　ヘブル 9：25—28、ヘブル 10：10、10：12—14。
3）　ヘブル 7：28、9：12。
4）　ヘブル 10：1、10：4。
5）　ヘブル 9：14、10：12—14。
6）　ヨハネ 1：29、ヘブル 9：14、10：10。

問88　主の贖いにあずかる人は誰ですか。

答　神の恵みの選びにより召されて、信ずるものとされた

ものです。

ヨハネ 15：16—19、ローマ 8：28—30、エペソ 2：8—10、テトス 1：1、
ヤコブ 2：5

1）　ヨハネ 1：12、3：16、6：40、ヘブル 4：2。

問89　それでは、滅びの子があるのは、どういうことで

すか。

答　私たちには、この大きな秘義を完全に知ることは許

されておりませんが、ただ一つのことだけは明らかで

す。それは、この救いと滅びとにおいて神の栄光が顕れ、

贖われたものが世のはじめの前から屠られたもうたキ

リストを崇めるようになるためだ、ということです。

マタイ 16：27、マタイ 19：28、マタイ 25：31—46、ヨハネ 17：12、
Ⅱテサロニケ 2：3、黙示 11：16—19、黙示 14：7、黙示 16：4—9、
黙示 18：20

第 6 章　復活

わたしはよみがえりであり、命である。わたしを信じる者は、
たとい死んでも生きる。ヨハネ 11：25

神は……このがたを死人の中からよみがえらせ、
その確証をすべての人に示されたのである。使徒 17：31

問 90　イエス・キリストの復活は、どういう出来事でし

たか。

答　キリストは十字架につけられ、死にて葬られ、三日目
に死者の中からよみがえり、四十日の間、弟子たちに
顕れたまいました。

マタイ 28：1—10、マルコ 16：1—14、ルカ 24：1—49、ヨハネ 20：1
—29、使徒 1：3、Ⅰコリント 15：3—8

問91 復活は、どういう根拠で信ずることができますか。

答 イエス・キリストの復活は、イエス・キリスト御自身が、明白にしばしば語られたことであり[1]、旧約聖書の預言の成就であり[2]、主の復活の証人[3]である使徒たちも、その目撃者[4]であったからです。

1) マタイ16：21、17：22－23、20：19、26：32、マルコ8：31、9：9、9：31、ルカ9：22、ヨハネ11：25。
2) ホセア6：2、詩16：10、イザヤ9：6－7（新共同訳5－6）、エレミヤ23：5－6、ダニエル7：13－14、ミカ5：2（新共同訳1）、使徒2：25－32。
3) 使徒2：32、3：15。
4) マタイ26：17、マルコ16：9、16：12、16：14、ルカ1：1、24：32、ヨハネ20：18、20：20、Ⅱペテロ1：16。

問92 神は、イエス・キリストの復活によって何をあらわされましたか。

答 十字架が神の救いの能力であることを実証されました。キリストのよみがえりを知らない者には、主の十字架は単に人間の悲劇的な出来事にすぎません[1]。復活によって十字架は信ずる者を義とする神の力となります[2]。

1) ルカ24：19－26、Ⅰコリント15：12－19、Ⅱテモテ2：18－19。
2) ローマ4：24－25、Ⅱコリント4：14、ガラテヤ1：1、エペソ2：6、ピリピ3：10－11、コロサイ2：12－13、Ⅰペテロ1：3－4、3：21。

詩16：10、マタイ28：5－7、マルコ16：6－7、ルカ24：39、46、ヨハネ2：25、ヨハネ20：19、27、使徒2：24、31－32、ローマ6：4－5

問93 そうしますと、十字架と復活とは、どういう関係になりますか。

答 たがいに切り離すことのできない、同じ救いの御業の二つの出来事です。そして、十字架の中には復活の力が秘められており、復活は十字架を全うするものです。

ローマ4：25、ローマ6：3－11

問94 復活はイエス・キリスト御自身において、どういう意味をもちますか。

答 イエス・キリストが、死人の中からよみがえり、最後の敵である死に打ち勝ち、永遠の生命の保証となりたもうたことです。

使徒17：31、Ⅰコリント15：20—23、Ⅰコリント15：26、Ⅱテモテ1：10、黙示20：14

問95 復活は私たちにとって、どういう意味をもちますか。

答 私たちが復活の主を信ずることによって、新しい義と生命を与えられ、永遠の生命の希望と約束とにかたく立たせられ、栄光のうちによみがえらされるのです。

ローマ8：11、Ⅰコリント6：14

1) ヨハネ14：1—19、ローマ6：4、Ⅰコリント15：45、エペソ4：23—24。
2) 使徒17：31、Ⅱコリント1：9、Ⅰテサロニケ4：13—18、テトス3：7、Ⅰペテロ1：3、1：21。
3) ローマ6：5、Ⅱコリント4：14、エペソ2：4—6、ピリピ3：10—11、コロサイ2：12。

問96 主の復活が、私たちの永遠の生命の保証となるのは、どういうわけですか。

答 イエス・キリストがよみがえりの初穂となられたことによって、現在、私たちが永遠の生命にあずかることだけでなく、死後においては主と共におり、終わりの日には体のよみがえりを与えられることの保証となられたからです。

1) Ⅰコリント15：20、コロサイ1：18。
2) Ⅰコリント15：23、Ⅰテサロニケ4：16。
3) ローマ8：23、Ⅰコリント15：44。

ヨハネ6：39、ヨハネ11：23—26

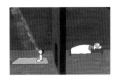

問97 イエス・キリストの復活を通して、この世に何が
もたらされましたか。

答 罪によって死んだ者を生かし、始祖の堕落によって全
く損なわれてしまった神のかたちを、再び創造される
ことによって、新しい時代を来らせてくださいました。

1) ローマ8：29、Ⅱコ
リント5：17、ガラ
テヤ6：15、エペソ2：
10、4：24、コロサイ
3：10。
2) イザヤ65：17、66：
22、Ⅱコリント5：
17、Ⅱペテロ3：13、
黙示21：1—5。

ヨハネ11：25—26

問98 イエス・キリストは復活された時に、人間性をぬ
ぎさって、永遠の神の御子に帰られたのでしょうか。

答 いいえ。主は復活の勝利によって、もはや人間性の弱
さにまとわれておられませんが、なお、人なるイエス・
キリストとしてとどまっておられ、そうして、私たち
の救いのために、つとめをつづけておられます。

Ⅰテモテ2：5、ヘブル4：14—15、ヘブル5：2—3、ヘブル5：7—
10、ヘブル6：20、ヘブル7：24—25

第7章　昇天

主イエスは彼らに語り終ってから、天にあげられ、
神の右にすわられた。マルコ 16：19

キリストは天に上って神の右に座し、
天使たちともろもろの権威、権力を従えておられるのである。I ペテロ 3：22

問99　イエス・キリストの十字架と復活とに次いで、何が起こりましたか。

答　主はよみがえりたもうてから、四十日の間、弟子たちに顕れ、神の国のことを語り、御言の宣教を命じ、聖霊の降臨を待つべきことをさとされたのち、彼らの目の前で天に挙げられたまいました。^{1) 2)}

1)　使徒 1：4−5、2：33
2)　使徒 1：9−11。

マルコ 16：19、ルカ 24：51

問100　天に昇られたとは、どういうことですか。

答　それは、神のいましたもうところに昇られた、という意味です。

詩 2：4、詩 11：4、マタイ 5：34、マタイ 7：11、マタイ 16：17、ヨ

ハネ 6：38、エペソ 1：20、ピリピ 3：20、ヘブル 9：24

問101 それでは、イエス・キリストは世から離れ、もはや人間とは無関係になってしまわれたのですか。

答 いいえ、そうではありません。主が肉体をもって地上を歩まれた間は、時間と空間との制限の中におられましたが、今や御言と聖霊とにおいて、いつでも、どこでも、私たちと共にいたもうのです。

マタイ 18：20、マタイ 28：20、ヨハネ 14：16−17、使徒 18：10

問102 イエス・キリストが挙げられたもうたとは、何を意味しますか。

答 神の恵みの御計画にこたえ、これを満たされたので、神と共にある栄誉の場所に移されたのです。

ヨハネ 17：5、ヨハネ 17：24、Ⅰコリント 15：25、エペソ 1：20−22、ヘブル 1：3、Ⅰペテロ 3：20

問103 それでは、イエス・キリストの昇天によって、私たちの救いのために何がなされましたか。

1）ヘブル 4：14、6：20、12：2。
2）ヨハネ 10：3、14：2−6、黙示 3：7−8。
3）ローマ 8：34、ヘブル 7：25。

答 主は私たちの先達として天に昇り、天に至る道を開[1]き、永遠の大祭司として神の御前にあって、終わりの[2]日まで執り成しのつとめをなさいます。[3]

問104 執り成しとは何ですか。

1）申命 7：8、ローマ 9：10−16、11：5。

答 恵みの選びにあずかった人間が、終わりの日まで義と[1]永遠の生命の確かさと希望との中に生きることができるように、神のあわれみを求めたもうことです。

ローマ 8：34、ルカ 22：32、ヨハネ 6：39、ヨハネ 14：16、ヘブル 7：25、ヘブル 9：24、Ⅰヨハネ 2：1−2

問105　昇天の主が、神の右に座したもうたというのは、どういうことですか。

答　神の右に座したもうたとは、神の大権の座につかれたことを言うのです。

詩 110：1、マタイ 25：31、マタイ 26：64、マタイ 28：18、エペソ 1：20−22、ピリピ 2：9−11

問106　神の大権の座につかれたとは、どういうことですか。

答　真の神であって、同時に真の人であるイエス・キリストが、万物を統治することを神から委ねられたことです。

イザヤ 9：6−7（新共同訳 5−6）、ルカ 1：32−33、ヨハネ 3：31−36、ヨハネ 5：22、ヨハネ 13：3、ヨハネ 17：2、Ⅰコリント 15：25、エペソ 1：10、エペソ 1：20−22、黙示 11：15

問107　イエス・キリストの支配は、具体的には何によってなされるのですか。

答　教会によってです。キリストは教会の主として、支配と恵みの御計画とを遂行されるのです。

マタイ 28：18−20、ヨハネ 5：22、Ⅱコリント 5：18−20、エペソ 1：22−23、エペソ 3：10−11、コロサイ 1：15−20、Ⅰテモテ 3：15

問108　それでは、キリストはただ教会だけの主なのですか。

答　いいえ、キリストは歴史の主として、世界とその中の

すべての出来事とを支配しておられます。

詩93：1、ヨハネ1：9—11、ヨハネ3：31、ヨハネ17：2、コロサイ1：15—17、黙示17：14、黙示19：15—16

問109　教会におけるイエス・キリストの支配と広い意味の世界の支配とは、どういう関係があるのですか。

答　人間の全歴史は、根本的に言いますと、救贖と創造との歴史ですから、主はその御計画を教会によってなされ、それによって世を支配されるのです。

申命14：2、申命15：6、ダニエル6：25—28（新共同訳26—29）、ヨハネ17：24、使徒1：8、Ⅰコリント15：24—28、Ⅱコリント5：17—19、ピリピ2：9—11、コロサイ1：18—20、黙示5：9—10

問110　そうしますと、今は教会の時、と言うことができますか。

答　そうです。受肉者イエス・キリストの歴史的啓示の時の後に、主の昇天と聖霊の降臨によって新たに教会の時がはじめられたのです。

使徒1：8、エペソ1：21—22、エペソ3：10、エペソ3：21、Ⅰテモテ3：15、テトス1：3、ヘブル2：12

問111　この教会の時の特徴は何ですか。

1)　ローマ15：4—5、Ⅱテサロニケ3：5、Ⅱペテロ3：9、黙示1：9。

答　サタンの支配は、すでにイエス・キリストによって破られ、今や新たな恵みと創造との世界が開かれたのですが、人間の不従順と不信仰とのゆえに、なお、世は罪にいざなわれています。そこで、この世界は、なお、

第1部　信仰篇

神の忍耐と赦しのもとにありますから、教会にとって、今は伝道の時、戦闘の時です。

マタイ 10：16、ヨハネ 16：33、使徒 14：22、エペソ 6：10—20、Ⅰテモテ 6：12、ヘブル 10：32、Ⅰペテロ 2：9、ユダ 3—4、黙示 2：1—3：22、黙示 13：1—10

問112　教会の時は、いつまでつづくのですか。

答　終わりの日、主の再び来りたもう時までつづきます。それゆえ、今は中間の時です。

マタイ 24：13—14、使徒 14：22—23、ローマ 13：11—14、Ⅱコリント 4：17、コロサイ 1：24—29、ヤコブ 5：7—11

問113　教会の時が終わって、主イエス・キリストの再び来りたもう時は、いつですか。

答　その日その時は、ただ神のみ知りたもうところです。

マタイ 24：36、マルコ 13：32、ルカ 21：34、使徒 1：6—7、Ⅰテサロニケ 5：2、Ⅱペテロ 3：10

問114　その時には、どのようなことが起こりますか。

答　主は栄光の中に大権をもって来られ[1]、最後の審判を行い[2]、救いの経綸を成就し[3]、神の国を完成されます[4]。

1) ダニエル 7：13—18、マタイ 16：27、25：31。
2) マタイ 12：36—37、25：31—46、ヨハネ 5：29、使徒 17：31、ローマ 2：5、Ⅰコリント 5：10、Ⅱテサロニケ 1：6—10。
3) ルカ 21：28、黙示 21：6—7。
4) マルコ 9：1、ルカ 22：18、Ⅰコリント 15：24、黙示 12：10、21：1—4。

第8章　聖霊とその働き

それは真理の御霊である。この世はそれを見ようともせず、知ろうともしないので、

それを受けることができない。あなたがたはそれを知っている。

なぜなら、それはあなたがたと共におり、

また、あなたがたのうちにいるからである。　ヨハネ14：17

もし、イエスを死人の中からよみがえらせたかたの御霊が、

あなたがたの内に宿っているなら、

キリスト・イエスを死人の中からよみがえらせたかたは、

あなたがたの内に宿っている御霊によって、

あなたがたの死ぬべきからだをも、生かしてくださるであろう。ローマ8：11

わたしたちの行った義のわざによってではなく、

ただ神のあわれみによって、再生の洗いを受け、聖霊により新たにされて、

わたしたちは救われたのである。

この聖霊は、わたしたちの救主イエス・キリストをとおして、

わたしたちの上に豊かに注がれた。

これは、わたしたちが、キリストの恵みによって義とされ、

永遠のいのちを望むことによって、

御国をつぐ者となるためである。テトス3：5—7

問115　私たちが、イエス・キリストにおいて成し遂げられた贖いにあずかるために、主はどのようになしたまいますか。

答　昇天して神の右に挙げられ、今もなお生きて働きたもう[1]キリストは、約束の聖霊において来り[2]、聖霊は永遠に私たちと共におられて[3]、真理の御霊として働き[4]、神の選びたもうた者をキリストへの信仰と交わりとに導き、もろもろの恵みにあずからせ、人々を慰め、終末の希望によって生きることができるようにしてくださるのです[5]。

ヨハネ 14：17、ローマ 8：11、テトス 3：5—7

1) ルカ 24：5、ヨハネ 14：19、ローマ 5：10、8：34、ヘブル 7：25。
2) ルカ 24：49、ヨハネ 14：17—20、使徒 1：4、2：33、ガラテヤ 3：14、エペソ 1：13。
3) ヨハネ 14：16—19、Ⅰコリント 3：16、Ⅰヨハネ 2：27。
4) ヨハネ 14：17、14：26、Ⅰヨハネ 5：6。
5) 使徒 26：16—18、ローマ 8：25、エペソ 1：13—14、Ⅰテサロニケ 1：10、テトス 1：11—13、Ⅰペテロ 2：9、Ⅱペテロ 3：13。

問116　それでは、聖霊は主の昇天後に初めて降ったのですか。

答　そうではありません。これは三位一体の第三の位格であり、永遠に主たる御霊であって[1]、旧約においては、預言者はこれによって神の言を語り[2]、新約においては、これによって福音が啓示され、分け与えられるのです[3]。私たちはこの働きをなしたもう聖霊を、父と子と共に崇め礼拝すべきです[4]。

1) Ⅱコリント 3：17、ヘブル 9：14。
2) サムエル下 23：2、イザヤ 61：1—3、エゼキエル 2：2—4、使徒 1：16、Ⅱペテロ 1：21。
3) ヨハネ 14：26、15：26、16：13—15、ローマ 8：15—17、ガラテヤ 4：6。
4) マタイ 12：31—32、ヨハネ 4：21、使徒 5：3、Ⅰコリント 12：3、Ⅱコリント 3：17—18。

問117　そのような聖霊の働きを、私たちはどのように

して、受けるのですか。

答　まず聖霊の導きによって、イエス・キリストと出会い、召されて、福音の言葉を聞かせられ、信仰によって、その恵みとまこととを、わたしたちのうちに啓示されるのです。

Ⅰコリント 2：1－16、Ⅱテサロニケ 2：13－15

1）　ヨハネ 16：13、ロー
マ 8：14、ガラテヤ 5：
18。
2）　ヨハネ 1：41、1：
45、使徒 9：4－5、26：
16、Ⅰコリント 6：
17、エペソ 1：2。
3）　ヨハネ 6：44、ロー
マ 8：30、9：21、Ⅱ
テモテ 1：9。
4）　マタイ 11：5、ロー
マ 10：17、Ⅰコリン
ト 2：2、コロサイ 1：
5、Ⅰテモテ 1：15。
5）　ヨハネ 1：14－17、
ローマ 5：21、エペ
ソ 4：21。
6）　ローマ 1：17、ガラ
テヤ 1：16、エペソ 1：
17。

問118　イエス・キリストとの決定的な出会いはどこで起こりますか。

答　十字架においてです。

ルカ 23：39－43、Ⅰコリント 1：23－24、ガラテヤ 3：1、ガラテヤ 6：14

問119　その出会いをとおして、何が起こりますか。

答　イエスを救い主と告白する人格的な交わりが生まれます。すなわち、まことの悔い改めと信仰とによる告白的な交わりです。

ヨハネ 9：35－38、使徒 2：36、Ⅰコリント 1：9、ヘブル 4：14、Ⅰヨハネ 1：3

1）　マルコ 1：15、ルカ
5：32、使徒 17：30、
20:21、Ⅱコリント 7:
10、Ⅱテモテ 2：25。
2）　マルコ 9：24、ヨハ
ネ 1：49、9：35－38、
11：25－27、20：28
－29、ローマ 10：8
－9、ピリピ 2：11。

問120　悔い改めとはまず何ですか。

答　それは、私たちが十字架のもとにおいて、深い罪の意識と責任感とを呼び起こされ、悔いし砕けた心をもって、自分が死にあたいする罪人であることを認め、神

1) 詩 32：5、51：3—
4（新共同訳 5-6）、サ
ムエル下 12：1—15、
レビ 5：17、ルカ 5：8、
ローマ 7：7—24、Ⅰ
テモテ 1：15。
2) 詩 34：18（新共同訳
19）、51：17（新共同訳
19）、イザヤ 57：15、
66：2。
3) ルカ 23：40、ロー
マ 6：23、7：24。
4) エゼキエル 18：32、
ルカ 15：17—18、使
徒 26：20。

に帰ること、つまり、回心です。

問 121　まことの信仰とは何ですか。

答　信仰は、第一には、イエス・キリストの恵みの御業と
約束との確実な知識であって、御言と聖霊とによって
啓示され、心に刻まれるものです。
　　第二には、その知識に基づいて、神の自由な恵みの配
慮に、こころから、信頼することです。
　　第三には、神に対して、衷心の崇めと感謝とをもって
応答し、告白することです。

ローマ 4：3、ヘブル 11：6

1) ローマ 3：21—26、
エペソ 2：11—16。
2) ローマ 4：13、ガラ
テヤ 3：22、ヘブル 8：
6、9：15、10：23、
11：13。
3) Ⅱコリント 2：14、
4：6、コロサイ 2：2、
Ⅱペテロ 1：3。
4) ローマ 10：17、Ⅱ
コリント 1：22、エ
ペソ 1：3、6：17、コ
ロサイ 1：5、Ⅰペテ
ロ 1：23—25。
5) イザヤ 12：2、ロー
マ 4：18—21、Ⅱコ
リント 1：9、Ⅰペテ
ロ 2：6。
6) ピリピ 2：11、Ⅱテ
サロニケ 1：12、Ⅰ
ペテロ 3：15、黙示 4：
11、5：12—14。
7) Ⅰコリント 1：4、
エペソ 5：20、コロ
サイ 3：16—17、黙
示 4：9。
8) ローマ 10：9—10、
ヘブル 13：15。

問 122　信仰によって、私たちに、何が起こりますか。

答　恵みの選びを確信し、キリストにあって義と認められ、
罪の赦しを得、神の子とされ、聖化されることであり
ます。

ローマ 3：22、ローマ 11：5、使徒 2：38、使徒 10：43、ローマ 8：

問123 義と認められるとは、どういうことですか。

答 神が自由に与えたもう、キリストの十字架の義を受けることです。もっと厳密に言いますと、神の御前に義と認められる価値のある義は、ただイエス・キリストの義だけですから、義と認められるというのは、キリストの義を信じ、かつ、それに徹底的に依り頼む信仰を[1)、義と認められるということです。

1) エレミヤ 23：6、Ⅰコリント 1：30、ピリピ 3：9。

ローマ 3：24—26、ローマ 4：5、ローマ 4：25、ローマ 10：3—4、ガラテヤ 2：16、ピリピ 3：9、Ⅰヨハネ 2：1—2

問124 イエス・キリストの義に、どうしてそのような意義と力とがあるのですか。

答 キリストは、永遠の祭司として、御自分を私たちの義の保証とし、初穂としてささげられ[1)、それによって、神と人との関係を新たにされた[2)からです。

1) 詩 119：122、Ⅰコリント 15：20、Ⅱコリント 1：22。
2) ローマ 5：1—2、Ⅱコリント 5：17—19、エペソ 2：13—18、テトス 3：4—7。

ヘブル 5：7—10、ヘブル 7：20—28

問125 「義と認められること」と「罪を赦されること」とは、どう違いますか。

1) イザヤ45：8、45：
21—22、ローマ3：
21—28、4：5—8、5：
9、8：30、エペソ1：7。
2) マタイ6：14—15、
18：35、マルコ2：9
—10、ルカ23：34、
エペソ1：7、コロサ
イ2：13、Ⅰヨハネ1：
9。
3) ヨハネ17：21、Ⅰ
コリント1：9、Ⅰヨ
ハネ1：3。

答　義認は義でないものを義と宣する神の主権的な行為であり、赦罪は神があわれみに基づいて、罪人を生命の交わりに召してくださる行為です。

問126　神の子とされるとは、どういうことですか。

答　イエス・キリストが、人間の義となってくださったことを信ずるものには神の子となる自由が与えられ、子とされた者の霊が授けられ、アバ父と呼んで、おそれなく神に近づく自由が与えられることです。

1) ヨハネ1：12。
2) ローマ8：15、Ⅱコ
リント6：18、ガラ
テヤ4：4—5、エペ
ソ1：5。
3) ガラテヤ4：6、マ
ルコ14：36。
4) エペソ2：18、3：
12。

ローマ8：14—16、ガラテヤ3：26、Ⅰヨハネ3：1

問127　聖化とは何ですか。

答　神に選ばれ、義とされ、罪を赦され、子とされた者にあらわれる聖霊の実です。それは聖霊によってキリストに接がれ、新たに生かされ、世から潔め分かたれ、よき業に励み、世と戦いつつ、勝利の主と共に歩むことです。

1) ローマ7：21、ガラ
テヤ5：22、エペソ5：
9。
2) ヨハネ15：4—5、
ローマ6：5、11：17
—20。
3) 詩30：3（新共同訳4）、
エゼキエル37：5—6、
ヨハネ3：3、ローマ6：
13、Ⅰコリント15：
22。
4) ヨハネ17：19、エ
ペソ1：1、テトス2：
14。
5) ヨハネ14：11、Ⅰ
コリント15：58、エ
ペソ2：10、コロサ
イ1：10、Ⅱテモテ
21、ヘブル10：24。
6) エペソ6：10—20、
Ⅰテモテ1：18、6：
12、Ⅱテモテ4：7、
ヘブル12：4、ユダ3。
7) ヨハネ16：33、黙
示6：2。
8) コロサイ2：6。

Ⅰコリント6：11、コロサイ3：9—10、Ⅰテサロニケ5：23—24

問 128　聖化は地上の生活において全うされ、救いの確かさとなることができますか。

答　いいえ、罪人である私たちは罪を赦され、いよいよ御旨に服従し、潔めの生活を日毎に深められなければならないのですが、罪のない状態にたちどころに到達するとしたり、潔めが救いの確かさの保証となると考えてはなりません。[1]

ローマ7：23—25、ピリピ3：12、ヤコブ3：2、Ⅰヨハネ1：8—10

1）　エペソ2：8—9。

問 129　神の御手の導きのうちにあるものが、神の恵みからおちることがありますか。

答　いいえ、神は恵みのもとにある者を、つねに教え[1]、いましめ[2]、導き[3]、慰め[4]、永遠の生命を嗣ぐものとして、終わりまで保持して、決して、はなちたまいません[5]。

ヨハネ10：28、Ⅰヨハネ2：27—28

1）　イザヤ2：3、ヨハネ14：26、エペソ4：21、テトス2：13。
2）　詩118：18、Ⅰコリント11：32、Ⅱコリント6：9、ヘブル12：5—10。
3）　出エジプト13：21—22、詩48：14（新共同訳15）、イザヤ58：11、ヨハネ16：13、Ⅰコリント10：13。
4）　詩23：4、エレミヤ31：13、ローマ15：5、Ⅱコリント1：3—5、Ⅱコリント7：6。
5）　ヨハネ14：16、17：11、ローマ8：33、エペソ4：30、ピリピ2：13、Ⅱテサロニケ3：3、Ⅱテモテ2：18—19、ヘブル9：12—15。

問 130　そのような大いなる恵みの根拠は、どこにありますか。

答　それは、神の永遠のさだめに基づいて、イエス・キリストにあって、私たちが恵みのうちに選ばれているということにあります。そして、このことは聖霊によっ

1) エペソ 1：13−14。

て私たちの心に証印されております。

ローマ 8：28、ローマ 9：11−16、エペソ 1：3−5、Ⅱテサロニケ 2：13−14

問 131 選ばれた者に、終わりの日に与えられる祝福は何ですか。

答 その日には、イエス・キリストが御自分の高挙において、すでに証しされたような、栄光の体を与えられ、永遠に神と共におらせてくださるのです。

ローマ 8：29−30、Ⅰコリント 15：4、Ⅱコリント 3：18、ピリピ 3：21、コロサイ 3：4、Ⅰテサロニケ 4：17、Ⅰヨハネ 3：2、黙示 21：3−4

66

第一部 信仰篇

問 132 終わりの日の栄光は、聖霊の働きを受けるあらたな生活が、頂点に到達したことですか。

答 いいえ、そうではありません。しかし、選びの確信、信仰による義認、聖化は終わりの日の証印であり、不可欠なものです。

ローマ 8：16、Ⅰコリント 15：52、エペソ 1：13−14、エペソ 4：30、コロサイ 3：1−10

問 133 このような聖霊の働きによる新しい生活は、どんなものですか。

1) エペソ 4：12、コロサイ 1：24−26。
2) コロサイ 1：12、2：7、Ⅰテサロニケ 5：18。
3) ローマ 4：20、Ⅰコリント 6：20、10：31、Ⅱコリント 1：20、ピリピ 2：10−11、黙示 19：7。

答 教会に召され、神の業にあずからせられ、全生活が、神の恵みに感謝し、神に栄光を帰するようになることです。

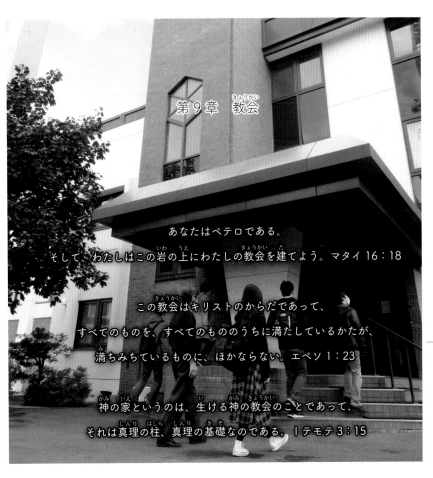

第9章　教会

あなたはペテロである。
そして、わたしはこの岩の上にわたしの教会を建てよう。マタイ 16：18

この教会はキリストのからだであって、
すべてのものを、すべてのもののうちに満たしているかたが、
満ちみちているものに、ほかならない。エペソ 1：23

神の家というのは、生ける神の教会のことであって、
それは真理の柱、真理の基礎なのである。Ⅰテモテ 3：15

問 134　信仰生活を全うするためには、どうすればよい
のですか。

答　信仰をもつことは、キリストに合わせられ、その肢体
とされることですから、イエス・キリストの体である
教会に属し、そこで養われなければなりません。それ
ゆえ、単独で、あるいは同好者の間で、自由に教理を
研究し、聖書を読み、祈りをしていればよいというよ
うな考えは間違いです。

ヨハネ 15：5、ローマ 12：5、Ⅰコリント 6：15—17、Ⅰコリント 12：27、エペソ 1：23、エペソ 5：22—32

問135 教会は、イエス・キリストによってつくられたのですか。

1) 出エジプト 19：5 —6、申命 14：2、詩 114：2、イザヤ 63：18、エゼキエル 37：26—28、使徒 7：38、ローマ 9：4、ヘブル 8：10。
2) 使徒 2：1—47。
3) マタイ 16：15—19、ローマ 10：9、Ⅰコリント 3：11、エペソ 2：19—22、Ⅰヨハネ 4：2、4：14—15。

答 そうです。イエス・キリストの教会は、旧約の時代には、神に選ばれたイスラエルとして存在しておりましたが、主の十字架の贖いと聖霊の降臨によって、新たに告白的信仰の共同体として、建てられたのです。

第１部
信仰篇

問136 それでは、イエス・キリストと教会との関係は、どうなりますか。

1) エペソ 1：22、コロサイ 1：18。
2) Ⅰコリント 12：27、エペソ 1：23、コロサイ 1：24。
3) 使徒 20：28、Ⅰコリント 10：16—17、ヘブル 10：19—25、13：20、黙示 1：5—6。
4) 使徒 2：42、4：32、ローマ 12：10、12：16、Ⅰコリント 1：9、Ⅰテサロニケ 4：18、ヘブル 10：24、Ⅰヨハネ 1：3。

答 キリストは教会のかしら、教会はキリストの体であり、主の血をもって贖われた、恵みの契約の共同体、また、聖徒の交わりであります。

問137 教会には、どれだけの範囲のものが加えられるのですか。

答 教会には、世のはじめから終わりまで、イエス・キリストの恵みの選びの中にある、すべての聖徒が召し集められております。

創世 26：4、Ⅰコリント 1：8—9、Ⅰコリント 12：12—13、エペソ 1：10、ヘブル 12：23

問 138　それでは、教会は地上の教会だけではないのですか。

答　そうです。教会は天にある聖徒と地にある聖徒の総体であり、普遍的な、永遠にわたって存在する共同体であって、これを「聖なる公同の教会」といいます。この公同の教会は、このように、見えざる教会として[1] 存在するとともに、また見える教会として、地上に存在するのです。[2]

1)　エペソ 1：10—11、3：15、ヘブル 12：23、黙示 11：19、15：5、19：1—8。
2)　ローマ 15：9—12、Ⅰコリント 1：2、12：12—13、黙示 7：9。

問 139　教会がイエス・キリストの体であるとは、どういう意味ですか。

答　それは、ちょうど、頭と肢体とのように、イエス・キリストと教会との間には、有機的な、生命的な関係のあることを示しております。

ヨハネ 15：5、エペソ 1：22—23、コロサイ 1：18、Ⅰコリント 12：27

問140 その点をもう少し詳しく教えてください。

答 肉体をとって私たちのうちに宿られた神の言なるキリストが、この教会の時には、聖霊において、教会に現臨しておられるのです。それゆえ、教会はすべてのものを、すべてのもののうちに満たしているかたが、満ちみちているものに、ほかなりません。[2]

マタイ 18：20、マタイ 28：20、使徒 18：10

1) ヨハネ 14：16－17、I コリント 10：16。
2) エペソ 1：23。

問141 イエス・キリストが、聖霊において教会に現臨しておられるというのは、どういうことですか。

答 それは、主が聖霊によって、御言の説教[1]と聖礼典[2]とにおいて、現臨しておられることです。

1) 申命 30：14、イザヤ 59：21、ヨハネ 5：38、エペソ 6：17、ヘブル 4：2、I ペテロ 1：23、I ヨハネ 2：14。
2) ヨハネ 6：56、ローマ 6：3－4、I コリント 10：4、10：16、11：23－29、エペソ 5：26。

問142 神が、イエス・キリストの体なる教会を、見えるかたちで地上に置かれる意図は何ですか。

答 それは、信ずるものを、聖霊の力の中に置き、恵みの経綸にあずからせるために、イエス・キリストの交わり[1]に入れ、養い、訓練して、終わりまで保持し、かつ、教会をして、罪と戦わせ[2][3]、キリストの患難にあずからせ[4]、執り成しのつとめに奉仕させる[5]ためです。

1) エペソ 2：6、II テモテ 1：9－11、黙示 1：9。
2) I コリント 1：9、10：16、I ヨハネ 1：3。
3) マタイ 10：16、ヨハネ 16：33、使徒 14：22、エペソ 6：10－20、ピリピ 1：27、I テモテ 6：12。
4) ローマ 5：3、ピリピ 3：10、コロサイ 1：24、I ペテロ 4：13。
5) ローマ 15：16、I テモテ 2：1、I ペテロ 2：5、黙示 5：8。

第1部　信仰篇

問143　それでは、人間の側からは、教会はどうあるべきでしょうか。

答　教会は恵みにあずかったものが、まことの礼拝をなし、また、聖徒の交わりをなし、信仰と希望と愛とをもって世を過ごし、感謝をもって御業をたたえ、栄光を神に帰する告白の共同体でなければなりません。しかし、地上の教会は試練にさらされ、誤謬に陥る危険の中にあるものですから、つねに御言によって審かれ、改革されてゆく教会でなければなりません。

1) 詩45：11（新共同訳12）、95：6、ヨハネ4：21—24、ローマ12：1—2、ピリピ3：3。
2) Ⅰコリント13：1—13、ガラテヤ5：5—6。
3) 詩95：10、イザヤ5：12、ローマ9：32、Ⅰコリント5：1、ガラテヤ6：1、Ⅰペテロ2：8、黙示2：1、3：12。
4) 詩119：149、ヨハネ12：48、ヘブル4：12、黙示19：11—13。
5) 詩119：25、119：65—72、コロサイ3：16、Ⅰテサロニケ2：13、Ⅰテモテ4：6。

問144　教会に所属するものが、聖徒と呼ばれているのは、どういう意味ですか。

答　完全なきよさに達した者というのではありません。聖徒は十字架の贖いによって罪を赦され、聖霊によって世から分かたれ、あらためて世に遣わされ、御国の嗣業をのぞみつつ、忍耐をもって信仰の馳場を走るものです。

1) ローマ1：7、Ⅰコリント1：2、エペソ1：18。
2) ヨハネ17：14—17、ヘブル10：10。
3) マタイ10：16、ヨハネ20：21。
4) エペソ1：17—19、コロサイ1：5、3：24、テトス3：7、Ⅰペテロ1：3—4。
5) ローマ8：25、Ⅰテサロニケ1：3、ヘブル10：36、ヤコブ1：3—4、黙示13：10。
6) Ⅰコリント9：24、ピリピ3：13—14、ヘブル12：1。

問145 「聖徒の交わり」とは何ですか。

1) Ⅰテサロニケ4：9
－10、Ⅰヨハネ2：
10。
2) Ⅰコリント10：16
－17、12：12－27、
エペソ2：20－22、4：
1－16。

答 それは、聖霊によるイエス・キリストとの交わりであ
り、同時に、私たち相互の交わりです。主にある聖徒が、
一人の主、一つの信仰、一つの希望を共に告白し、一
つのめあてに向かって共に歩むことによって、兄弟の
愛に結ばれ、イエス・キリストにあって、共に建て合
わされ、一つの体とされることです。

問146 聖徒が御委託の使命を果たすために、教会に与
えられたつとめは何ですか。

1) マタイ24：14、マ
ルコ16：15、ローマ
10：17、Ⅰコリント1：
21、テトス1：3。
2) マタイ26：26－29、
28：19、Ⅰコリント
11：23－24。

答 御言の説教と、聖礼典の執行とです。

問147 教会と神の国との関係を、どう見るべきですか。

1) ヨハネ3：36、ロー
マ8：10－11、Ⅱコ
リント13：13、Ⅰヨ
ハネ1：3。
2) マタイ12：28、ル
カ17：21。
3) イザヤ60：1－22、
マルコ9：1、Ⅰコ
リント15：24、黙示
12：7－10、21：1－4。
4) マタイ24：24、25：
13、ルカ12：40、Ⅰ
ペテロ4：7、4：12
－13。

答 神の国は神の支配です。それは、聖霊によるイエス・
キリストとの交わりにおいて、すでに与えられている
生命の中に現在し、また同時に、主の再臨において
完成されるものです。教会は選ばれた者の中に実現さ
れた神の支配ですから、神の国は教会に現在し、同時
に、教会は神の国の型であり、また約束です。これに
所属するものは、つねに主の再び来りたもう日のため
に、備えつつ、待ち望むのです。

詩145：13、ダニエル4：3（新共同訳3：33）、Ⅰコリント4：20

問148　教会について、注意すべき、誤った考えがあり

ますか。

答　あります。それは、地上にはイエス・キリストの真の
教会は存在しないと主張し、また必要がないとする考
えです。この考えの根本的な誤りは、教会を単に人間
の創り出した制度のもとにある団体として考えていて、
教会がキリストの体であり、同時にキリストによって
建てられたものであることを理解しないことです。

　次には、制度としての教会を、神の国およびイエ
ス・キリストと同一視して、主の位置を犯す考えです。
教会は、イエス・キリストの体ではありますが、同時に、
信徒の群れですから、つねに主の御言に聴従するもの 1)
でなければなりません。

マタイ 16：18、使徒 20：28、エペソ 1：23、Ⅰテモテ 3：15

1)　エレミヤ 7：23、
　　42：6、ヨハネ 10：3
　　ー4、ローマ 1：5。

問149　それでは、教会は神が恵みの経綸をなされるた
めに、定めたもうた唯一の道と考えてよいのですか。

答　そのとおりです。教会の外には救いはありません。

ヨハネ 10：7ー18、ヨハネ 14：6、Ⅰコリント 3：10ー11

第10章　聖礼典

それゆえに、あなたがたは行って、すべての国民を弟子として、

父と子と聖霊との名によって、彼らにバプテスマを施し、

あなたがたに命じておいたいっさいのことを守るように教えよ。マタイ28：19−20

またパンを取り、感謝してこれをさき、弟子たちに与えて言われた、

「これは、あなたがたのために与えるわたしのからだである。

わたしを記念するため、このように行いなさい」。

食事ののち、杯も同じ様にして言われた、

「この杯は、あなたがたのために流すわたしの血で立てられる

新しい契約である」。ルカ22：19−20

問150　御言の説教と聖礼典の執行とは、違った意味を

もっているのですか。

答　いいえ、そうではありません。いずれもイエス・キリ
ストの救いの事実の証しです。

1）　Ⅰコリント2：1−
2、Ⅰテモテ2：6−7、
Ⅰヨハネ4：14、5：
6−12。

問151　しかし、この二つのつとめが与えられていると

すると、教会は、あるものには御言の説教によって、また、あるものには聖礼典の執行によって、その目的を果たしているのですか。

答　そうではありません。その根本は神の言にあるのですから、聖礼典は神の言の説教とともに執行されなければなりません。

マタイ28：19―20、使徒2：40―42、ローマ10：17、Ⅰコリント10：15―17、コロサイ3：16、テトス1：3

問152　そうしますと、聖礼典の儀式的要素そのものには、効果を生み出すちからはないのですか。

1）マタイ3：16、マルコ1：8、使徒10：44―48、11：5―16、Ⅰコリント12：13。

答　ありません。御言の説教によって信仰が起こされ、聖礼典はこれに確証を与えます。その確証の力は、聖霊によって現臨されるキリスト[1]にあります。

マルコ16：16、使徒8：37、使徒16：31―34、テトス3：5―6

問153　それでは、御言の説教と聖礼典とは、たがいに相補うものですか。

1）ヨハネ6：47―58、Ⅰコリント10：16―17、ガラテヤ3：26―27、コロサイ2：12―14、Ⅰペテロ1：22―23。

答　人間は、罪によって弱くなっており、心暗くなっているものですから、こういう私たちに、福音の事実と約束とをいっそう確かにするために、神はあわれみをもって、これらの二つをお与えくださったのです。

問154　聖礼典とは何ですか。

1）ルカ22：19―20、使徒2：41、8：36―38、ローマ4：11。
2）マタイ28：19―20、Ⅰコリント11：23―25。

答　それは、主の救いの事業と約束とを封印する、目に見えるしるし[1]であって、イエス・キリストによって制定[2]されたものです。

問 155　私たちが聖礼典にあずかることによって、特に与えられる恵みと祝福とは何ですか。

答　イエス・キリストに接がれ、その恵みの契約を心に刻まれ[1]、御霊の賜う一致を与えられ[2]、教会の生命を更新する力を与えられることです[3]。

テトス 3：4－8

1）　ヨハネ 15：5、ローマ 6：5、11：17、12：5、Ⅰコリント 12：27、エペソ 5：30。
2）　創世 17：7－14、エレミヤ 31：33、Ⅱコリント 3：3、ヘブル 10：16。
3）　エペソ 4：3、ピリピ 2：1－2。

問 156　聖礼典は、いくつありますか。

答　洗礼[1]と聖餐[2]との二つです。キリストは、ただこの二つを制定されたのですから、これ以外のものを聖礼典とよぶことは間違いです。

Ⅰヨハネ 5：6－8

1）　マタイ 3：15、28：19－20、マルコ 16：16。
2）　Ⅰコリント 11：23－29。

問 157　洗礼とは何ですか。

答　父と子と聖霊の御名による水の洗いです。あたかも、水が肉体の汚れを洗うように、洗礼は神が十字架の血[1]によって罪人を赦し[2]、聖霊によって潔めわかち[3]、恵みの契約に入れ、キリストの肢としてくださる救いの刻印[4]です。そして、ただ一回の行為であって繰り返されません。

1）　テトス 3：5－6、Ⅰペテロ 3：21。
2）　エレミヤ 31：34、マタイ 9：6、マルコ 1：4、使徒 5：31、13：38、エペソ 4：32、Ⅰペテロ 1：18－19。
3）　ローマ 15：16、Ⅱテサロニケ 2：13、Ⅰペテロ 1：2。
4）　エペソ 1：13、4：30、Ⅱテモテ 2：19、黙示 7：3。

問158　洗礼を受けるにはどういうことが必要ですか。

答　洗礼を受けるものは、聖徒の交わりの中に招かれ、キリストの死と復活とに合わせられるのですから、罪を悔い改め、赦罪の恵みにすべてを委ね、その信仰を、神と教会との前に、公に告白しなければなりません。

1）使徒2：44−47、4：32、Ⅰコリント1：9−10、エペソ5：19−21、Ⅰヨハネ1：3
2）ローマ6：5、ガラテヤ3：27、エペソ5：30−32。
3）マタイ4：17、ルカ15：11−24、24：47。
4）ルカ3：3、ヨハネ8：1−11、コロサイ1：13−14。
5）マタイ10：32、ルカ12：8、ローマ10：10、Ⅰテモテ6：12、ヘブル3：1、4：14、10：23。

問159　それでは、まだ信仰の意識が明らかでない小児に洗礼を授けることには、どういう意味がありますか。

答　教会が小児に洗礼を授けるのは、一切に先行する神の恵みの選びによるものです。選びの民であるイスラエルの子らに恵みの契約のしるしである割礼をほどこすことは神の御旨でした。そのように、教会の親たちの信仰によって、その子らに救いの印を刻むことは、神の喜びたもうところです。

1）創世17：7−13、使徒2：39、7：8、ローマ4：11。

創世12：1−3、出エジプト20：2−6、申命1：39、申命6：1−9、マルコ10：13−16、ルカ1：14−15、ルカ2：40、ローマ9：10−13

問160　小児洗礼を受けたものは、聖餐にあずかることができますか。

答　それはできません。神の恵みは、人間の側から信仰による応答がささげられることとその恵みをわきまえをもって受けとることを求めますから、小児が陪餐者となるためには、自分で神の選びを確認し、そして、神と教会の前に信仰の告白を公にしなければなりません。

1）イザヤ43：12、使徒8：12−13、ローマ10：17、Ⅰヨハネ5：10。

ローマ10：9−10、Ⅰテサロニケ1：4、Ⅱペテロ1：10

78

第1部　信仰篇

問161　聖餐とは何ですか。

答　聖餐は、パンと葡萄酒とをもってする、イエス・キリストの死の記念であって、新しい契約のしるしです。パンはさかれた肉、葡萄酒は流された血を示します。これは過越の食事による旧い契約の成就[1]であって、主が最後の晩餐の時に制定されたものです。

マタイ26：26－29、マルコ14：22－25、ルカ22：7－23、Ⅰコリント11：23－29

1)　出エジプト12、申命16：1－8、ルカ22：7－16、Ⅰコリント5：7、ヘブル11：28。

問162　記念と言いますと、それは、ただ過ぎ去ったことを想起するということですか。

答　それだけではありません。イエス・キリストは聖霊おいて、信仰をもってこれにあずかる群れに現臨しておられます[1]。私たちはその肉を食し、主の血を飲むことによって、教会のかしらたる主と一体とせられ、その生命の交わりが、さらに新たに、豊かにされるのです。

ヨハネ6：53－56、ヨハネ10：10、ヨハネ15：1－6、ローマ8：11、Ⅰコリント12：12－13、エペソ3：16－19、エペソ5：30－32

1)　ヨハネ14：23、Ⅰコリント10：16、Ⅰヨハネ3：24。

問163　どうして、洗礼は一回だけであって、聖餐は回を重ねて行われるのですか。

答　洗礼は、イエス・キリストの交わりに入れることであり、聖餐は、与えられたその交わりが、つねに恵みの中につづけられ、永遠の生命が保証され、養われ育てられてゆくのに用いる見えるしるしであるからです。

Ⅰコリント11：23－26、テトス3：5

問164 聖餐はいつまでつづくのですか。

答　聖餐は、死にてよみがえり、神の右に座しておられる主が、栄光のうちに再び来りたもう日に至るまで、行うのです。それゆえ、聖餐は、私たちがイエス・キリストの死の想起と終わりの日の待望とに生きる聖礼典です。

Ⅰコリント 11：28

問165 聖餐にあずかる資格は何ですか。

答　信仰を告白して、洗礼を受けたものでなければなりません。また、悔い改めと改善の希望をもった、よき信仰と生活を保っているものでなければなりません。[1] そして、ふさわしくないことが明らかな人は除外されます。[2]

1)　Ⅰコリント 11：27
　　－29、Ⅱコリント
　　13：5、ピリピ 2：15
　　－18、Ⅱテサロニケ
　　1：11－12、Ⅱテモテ
　　1：13－14。
2)　マタイ 16：18－19、
　　18：15－20。

問166 聖礼典は誰によって執行されますか。

答　聖礼典は神の言による教会の行為ですから、按手をもって任職された、御言の説教にたずさわる教師が司式し、聖霊の導きのもとに正しく執行されなければなりません。こうして、私たちはこれを委託したもう主に感謝と讃美とをささげるのです。

Ⅰコリント 10：16

第2部

生活篇

第11章　教会生活と日本キリスト教会

ただ、あなたがたはキリストの福音にふさわしく生活しなさい。ピリピ1：27

わたしは、あなたの所にすぐ行きたいと望みながら、この手紙を書いている。
万一わたしが遅れる場合には、神の家でいかに生活すべきかを、
あなたに知ってもらいたいからである。Ⅰテモテ3：14-15

問167　第1部で私たちの信ずることは明らかにされた
と思いますが、これを受け入れさえすればキリスト者
になれるのでしょうか。

答　いいえ、キリスト者は教理を受け入れるだけでなく、
その教理に従ってキリストにある生活、すなわち、神
への奉仕1)と倫理2)と祈り3)とが必要です。

エペソ5：15-21、ピリピ1：27、コロサイ3：12-17

1)　申命10：12-13、
使徒20：19、ローマ
15：16-17、Ⅰテサ
ロニケ1：9、ヘブル9：
14。

2)　マタイ5-7章、
ローマ12：9-21、
Ⅰコリント13：1-7、
ガラテヤ5：13-26、
エペソ5：15-21。

3)　マタイ6：5-15、
ローマ8：26、エペ
ソ6：18、ピリピ4：
6-7、Ⅰテサロニケ

5：17、ヤコブ 5：13
－18、Ⅰヨハネ 5：
14－15。

問168　キリスト者はその生活においては、聖書に基づいて、個人として、その正しいと信ずるところを行えばよいのではないでしょうか。

1）　ローマ 12：5、Ⅱコリント 5：17、エペソ 2：10、コロサイ 3：1－11。

2）　ヨハネ 15：1－6、ローマ 12：4－5、Ⅰコリント 12：12－27、エペソ 5：30。

3）　使徒 6：1－4、ローマ 10：14－15、Ⅰコリント 4：1、エペソ 4：11－13、コロサイ 1：25。

4）　使徒 20：32、Ⅰテサロニケ 2：13、ヘブル 4：2、Ⅰペテロ 1：23－25。

答　いいえ、信仰生活とは、キリストにあって生きること[1]で、それはキリストの体の肢として生きる、教会生活にほかなりません。それゆえに、キリストは教会を建て、聖徒のつとめを行わせるために、御言の仕え人を[3]各教会にお遣わしになりました。それは、私たちの信ずることも行うことも、いっさいが神の言に基づく[4]ためです。

問169　教会生活においては、どういうことが肝要ですか。

1）　マタイ 28：19、ヨハネ 3：5、使徒 2：38、ローマ 6：3－4、Ⅰペテロ 3：21。

2）　マタイ 10：32－33、16：15－16、ローマ 10：9－10、ピリピ 2：11、Ⅰヨハネ 1：9、4：2。

3）　使徒 2：42、Ⅰテサロニケ 5：12－22、Ⅰテモテ 3：15。

答　洗礼を受け、また信仰の告白をなし[1]、教会に所属して[2]、責任ある教会生活をすることです。[3]

問170　責任ある教会生活には、どんなことが含まれていますか。

㊟　「日本キリスト教会式文」洗礼式の誓約の項。

1）　出エジプト 20：8－11、レビ 19：30、イザヤ 56：2－7。

2）　マタイ 26：26－29、Ⅰコリント 11：23－29。

答　責任ある教会生活には、洗礼、入会の時の誓約にある㊟ように、

1、聖日礼拝を守り[1]、聖餐にあずかり[2]、また諸集会に出席すること[3]

2、教会の交わりと一致とを重んじること[4]

3、教会の伝道や、その他の業^{ほか わざ}に奉仕^{ほうし}すること

4、教会を維持^{いじ}し、その使命^{しめい}を果たすために献金^{けんきん}すること

5、証しの生活^{あか せいかつ}をすること

6、信仰の告白および憲法規則^{しんこう こくはく けんぽうきそく おも}を重んじることなどです。

3）使徒 10：33、11：26、12：12、ヘブル 10：25。

4）Ⅰコリント 1：10、エペソ 4：3、ピリピ 2：2。

5）マルコ 16：15、ローマ 1：14—16、Ⅰコリント 9：16、Ⅱテモテ 4：2。

6）ネヘミヤ 10：37、Ⅰコリント 9：14、Ⅱコリント 9：7。

7）使徒 1：8、Ⅰテサロニケ 1：8、Ⅱテモテ 1：8、ヘブル 11：2、ヤコブ 2：14—18。

問171　なぜ、聖日礼拝を守ることが大切なのですか。

答　聖日礼拝は神が御自分の栄光のため、多くの人々の救いの道として設定されたのですから、御子の血によって贖われた者が、神に栄光を帰し礼拝することは、第一の義務です。私たちはこれを守ることによってのみ、神との正しい関係を維持し、信仰をいきいきと保ち、全うすることができます。

創世 2：3、ネヘミヤ 13：15—22、エレミヤ 17：21—27、使徒 20：7

問172　聖日礼拝では、何が行われますか。

答　聖日礼拝は主の日毎に時を定めて行われるもので、主の命令により御言の説教と聖礼典が行われます。そこでは讃美[1]、祈り[2]、聖書の朗読[3]、説教、聖礼典、献金、祝福等があります。そのうち、聖書の朗読、説教、聖礼典、祝福は神からの呼びかけであり、讃美、祈り、献金は神の民の応答です。神は御言と聖霊とにより礼拝のうちに現臨[8]し、罪を告白せしめ[9]、罪の赦しを宣言し、

1）詩 135：1、Ⅰコリント 14：26、エペソ 5：19。

2）列王下 19：15、使徒 6：4、Ⅰテモテ 2：1。

3）出エジプト 24：7、ネヘミヤ 8：18、ルカ 4：16、使徒 15：21。

交わりを与え、会衆を統治し、訓練し、伝道を推進し、10)
教会を建設したまいます。

4) ネヘミヤ 8：8、ル
カ 4：20—21、24：
47、使徒 9：20、テ
トス 1：9。
5) マタイ 28：19、I
コリント 10：16、
11：23—29。
6) レビ 27：30、ネヘ
ミヤ 10：32、I コリ
ント 16：1—2。
7) 民数 6：24—26、II
コリント 13：13。
8) 出エジプト 3：12、
列王上 8：57、マタ
イ 18：20。
9) レビ 26：40、ヤコ
ブ 5：16、I ヨハネ 1：
9。
10) I テサロニケ 5：
12、ヘブル 13：17。

問 173 なぜ、聖餐を守らなければなりませんか。

答 聖餐は、主イエスが私たちのために制定された恵みの
手段ですから、主に対する忠誠と従順とのゆえに、ま
た私たちを聖化し教会の一致と交わりとをもたらすも
のでありますから、守らなければなりません。陪餐者
でなくては、教会の会議にあずかることはできません。

マタイ 26：26—29、マルコ 14：22—25、ルカ 22：14—20、ヨハネ 6：
53—58、I コリント 10：14—22、I コリント 11：23—29

問 174 教会の交わりと一致とを重んじるとは、どうい

うことですか。

1) I コリント 12：13、
エ ペ ソ 2：18、4：
16、ピリピ 4：2。
2) 使徒 2：42、ピリピ
2：1、ヘブル 10：24
—25、I ヨハネ 1：3、
1：7。
3) ローマ 12：9—13、
I コリント 13：4、

答 私たちは、キリストの体なる教会に加えられたので
すから、御言のうちに働く聖霊による一致をたまわり、
聖徒の交わりにあずかり、すべてのことを聖霊の賜物
である愛と謙遜とをもって行い、教会の秩序と清潔と
を保ち、教会の建設をめざすことです。

ガラテヤ 5：22－23、
ピリピ 2：1－3、コ
ロサイ 3：12。
4）Ⅰコリント 1：10、5：
6－8、14：40、Ⅱテ
モテ 2：22－24、Ⅰ
ペテロ 1：15－16。
5）Ⅰコリント 14：4－
5、Ⅰテサロニケ 5：
11。

問175 教会の奉仕とは、どんなことですか。

答 私たちは神の召しを受けて、教会の肢とされたもの
ですから、全生活が神への奉仕であるべきで、礼拝と
諸集会に出席し、伝道をはじめ、教会の使命を果たす
ためのさまざまの業や、教会の建設の業に進んで奉仕
すべきです。もし、長老、執事、日曜学校教師、その
ほかのつとめに任じられた場合には、神からの召命と
してこれを受け、忠実に奉仕すべきです。

1）マタイ 4：18－22、
ピリピ 3：14、コロ
サイ 3：15、Ⅰテモ
テ 6：12、Ⅱテモテ 1：
9。
2）ヨハネ 15：5、ロー
マ 12：5、Ⅰコリン
ト 12：27、エペソ 5：
30。
3）ルカ 17：10、ロー
マ 12：1－2、12：6－8、
15：16－17、エペソ 4：
21。
4）Ⅰコリント 9：16、
Ⅱテモテ 4：2。
5）使徒 6：1－6、Ⅱコ
リント 11：28、エペ
ソ 5：26－27、コロ
サイ 1：24、Ⅱテモ
テ 2：3。
6）使徒 11：30、15：2、
20：17、Ⅰテモテ 5：
17、Ⅰペテロ 5：1－2。
7）使徒 6：3－6、ロー
マ 16：1、ピリピ 1：1、
Ⅰテモテ 3：8－13。

問176 教会の経済はどのように維持されますか。

答 教会は教会員の献金によって維持されてゆくべきも
のですから、教会員はおのおのの信仰に従ってささげ
るべきです。献金は神の恵みへの応答としての礼拝的
行為であり、感謝献身のしるしですから、初穂をささ
げる精神でなすべきです。

出エジプト 23：19、Ⅱコリント 8：1－15、Ⅱコリント 9：6－15

第Ⅱ章　教会生活と日本キリスト教会

問177 証しの生活とは、どういうことですか。

答 教会員が、つねにキリストの体の肢として、キリストの死にあずかり、復活の証人として生き、すべてのことを福音にふさわしく、信仰による愛をもって行い、この世にあって地の塩、世の光として、神の栄光をあらわし、祝福の実にあずかることです。

1) ローマ6：1—11、Ⅱコリント4：7—12、5：14—15、ガラテヤ2：19—20、ピリピ3：10—11。
2) 使徒2：32、Ⅰコリント6：14。
3) ローマ1：16、Ⅰコリント9：23、エペソ6：15、ピリピ1：27—28、Ⅰテモテ1：11。
4) ガラテヤ5：6、エペソ6：23、Ⅰテモテ1：5、Ⅱテモテ2：22、Ⅰペテロ1：22。
5) マタイ5：13—16、ローマ13：12、エペソ5：8—9、コロサイ4：6、Ⅰテサロニケ5：5。

問178 信仰の告白と憲法規則とを重んじるのは、何のためですか。

答 私たちが神の導きにより、信仰の告白と憲法規則を定めたのは、神の国の秩序に従い、公同の教会に属する教会としての課題を実現するためであるからです。

1) マタイ16：18、エペソ1：22—23、コロサイ1：18、2：19、Ⅰテモテ3：15、ヘブル12：23。

問179 日本キリスト教会は、どういう教会ですか。

答 日本キリスト教会は、聖なる公同の教会に属する一団の教会であって、その本旨を実現するために、改革主義の伝統に立ち、長老制をとる教会です。それは幾多の個々の教会から成立し、信仰の告白と憲法とを奉じ、規則に従って権能を行い、その存立の目的を成就しようとする告白教会です。

1) 使徒14：23、15：22、21：18、Ⅰテモテ4：14、テトス1：5—6。
2) マタイ18：17—20、使徒16：4、Ⅰコリント14：40、コロサイ2：5。

問180 「信仰の告白」とは何ですか。

答 「信仰の告白」は、聖書に基づいて教会が聴き、教え、宣教公布すべき信仰の要綱であって、教会の宣教と生活と一致との規準となり、異端や背信と戦う規範となるべきものです。

マタイ 16：16、ピリピ 2：11、ヘブル 3：1、ヘブル 4：14、ヘブル 10：23、Ⅰヨハネ 1：9、Ⅰヨハネ 4：2、Ⅰヨハネ 4：15

問181 「信仰の告白」を告白するというのは、どういうことですか。

答 それは、神の主権と恵みとの前に自分を無にし、神にのみ栄光を帰し、「信仰の告白」のあらわすところのものに対して、「我信ず」と同意を宣言することです。それは、神と人との前に讃美、頌栄、罪の告白をささげ、言葉と行為とをもって、その信仰を証しすることです。

マタイ 10：32—33、マルコ 9：24、ルカ 5：8、ヨハネ 6：68—69、ヨハネ 20：28、ローマ 6：17、ローマ 10：9—10

問182 告白教会とは、どういうものですか。

答 告白教会とは、信条教会と違って、歴史的信条をただ墨守するのではなく、教会も教会員一人びとりも、一つの信仰の告白をその場にて、御言に立つ決断として告白し、宣教に、伝道に、個々人の生活に、これをいきいきと言い表してゆく教会のことを言います。

マタイ 16：16、使徒 4：24、Ⅰコリント 1：2、黙示 4：10—11、黙示 5：8—14

問183　憲法規則は何のためにあるのですか。また、それはどんな立場をとっているのですか。

1)　Ⅰコリント1：2。

答　憲法規則は、教会が見える教会として、主の委託を果たすために、いかなる政治機構をもつべきか、どのように運営されてゆくべきか、を明示するために制定されたものです。日本キリスト教会の憲法・規則は、旧新約聖書の指示に従い、イスラエルの教会と初代教会とに根拠をもち、宗教改革、特に改革教会に伝統を汲む長老制の立場をとっています。

問184　長老制とは、どんな制度ですか。

1)　使徒15：4—6。

答　長老制は、教師と長老とによって組織される会議1)によって教会の政治を行う立憲代議制です。

問185　長老制のめざす教会は、どういう教会ですか。

1)　出エジプト20：3、マタイ4：10、6：24、マルコ10：18、14：36、ローマ11：36。
2)　ガラテヤ3：28、エペソ2：18、Ⅰペテロ2：5、黙示1：6、5：10。
3)　ヨハネ15：1—11、ローマ12：4—8、Ⅰコリント12：12—30、エペソ2：21—22、4：16。

答　それは、真実な教会として、神の主権を中心として、万人祭司の原理に立って、神の言の権威と自由とに基づいて形成され、全体と個との有機的関係によって支えられ、統制と自由の緊張関係の中に訓練される教会です。

マタイ18：17—20、使徒15：22、使徒21：18、ローマ12：3—6、エペソ4：11—16

問186　日本キリスト教会の政治と運営とは、どのよう
にして行われますか。

答　日本キリスト教会は、小会、中会、大会の代議制を取り、
それぞれの権能を行います。個々の教会はその総会によ
る会議制度をとっております。小会は牧師と教会の総
会によって選出された長老とによって組織され、中会
は教師と小会から選出された長老とによって組織され、
大会は各中会を構成する教師と長老とによって組織さ
れ、憲法・規則に従い、それぞれの所管事項を管掌し
ます。こうした長老制の特色は中会に見られます。また、
小会・中会・大会は戒規を行い[1]、疑義、照会、上告の
判定をくだす教会の法廷の性格をも持っています。

1)　マタイ16：19、18：
15−18、Ⅰコリント
5：1−13、Ⅰテモテ1：
20、5：20、テトス3：
10。

問187　教会の制度には、ほかにどのような制度があり
ますか。また、それらと長老制はどう違いますか。

答　教会の制度には、長老制のほかに監督制と会衆制と
があります。長老制は監督制と違って、聖俗の区別と
教職間の階級とがありません。したがって、御言の
仕え人としての教職の権威が尊重されるとともに、
教会政治の面においては、教職と長老との同格が認め
られます。また、会衆制と違って、個々の教会の権能
を完結的なものとは考えず、段階的会議による政治を
主張し、教会個人主義や衆愚政治に陥る弊害を除き、
教職と長老とが協力して、純正な教理の擁護と治会の
責任にあたるものです。

Ⅰテモテ1：3−4、Ⅱテモテ2：16−18、テトス3：10、Ⅰヨハネ4：
1−3、Ⅱヨハネ7

第11章　教会生活と日本キリスト教会

問188　日本キリスト教会には、このほかにどんな特色がありますか。

1)　マタイ 22 : 21、ヨハネ 18 : 36、Ⅰコリント 7 : 23、Ⅰヨハネ 2 : 15－16。
2)　ガラテヤ 5 : 1、ピリピ 4 : 11、Ⅰテサロニケ 4 : 11－12、Ⅱテサロニケ 3 : 8。

答　日本キリスト教会は、教理の厳正と積極的伝道と教会の独立自治を重んじ、単に、信仰上、精神上のことのみでなく、経済上の独立をも尊重する教会です。

問189　教会員として、全体の教会に対して、どのような態度をもつべきでしょうか。

1)　マタイ 20 : 26－27、ヨハネ 12 : 24、ローマ 12 : 3－5、エペソ 4 : 16。

答　私たちは教会員として、それぞれの教会において、また、世において忠実に奉仕しなければなりませんが、日本キリスト教会は一体の教会ですから、つねにこの教会の健全な形成のために祈り、その全体の働きのために、喜んで労苦すべきです。これらはすべて相まって神の栄光のために仕える一つの業です。

Ⅰコリント 12 : 12－27

第12章　十戒

イスラエルよ、きょう、わたしがあなたがたの耳に語る定めと、おきてを聞き、
これを学び、これを守って行え。申命記5：1

わたしが律法や預言者を廃するためにきた、と思ってはならない。
廃するためではなく、成就するためにきたのである。マタイ5：17

信仰のゆえに、わたしたちは律法を無効にするのであるか。断じてそうではない。
かえって、それによって律法を確立するのである。ローマ3：31

問190　神は、私たちがどのように生きることを求めた

まいますか。

答　創造主にして贖罪主なる神は、私たちが恵みに応えて
悔い改め、感謝と敬愛と信頼とをもって、神の御旨に
服従して、ただ神の栄光のために生きることを求めた
まいます。そのために律法を与えたまいました。

1)　イザヤ44：24。
2)　歴代上16：23―36、
　イザヤ43：7、43：
　21、Ⅰコリント6：
　20、10：31、黙示
　14：7。

申命5：1、伝道（コヘレト）12：13、ミカ6：8、ローマ12：1

問191　律法から解放されたキリスト者が、なお、律法

に従わなければならないのは、どういうわけですか。
キリスト者は聖霊によって歩むべきではありませんか。

答　それはもちろんです。聖霊に従って歩む私たちのうち
にこそ、律法の要求が全うされるのです。しかし、私
たちはなお弱いものですから、律法によらなければ、
自分が罪人であることをわきまえることなく、また正
しい規準によって神に仕える道を知らず、さらに、神
の求めたもう潔さへ進むことができません。それゆえ、
福音のもとにある私たちには、律法はキリストの律法
として与えられます。

1) ローマ 8：4、ガラ
テヤ 5：16、5：25。
2) 詩 51：3−4（新共同
訳 5−6）、ローマ 3：
20、5：13、7：7。
3) 箴 28：4、ローマ 4：
15。
4) ローマ 6：19−22、
Ⅱコリント 7：1、エ
ペソ 4：24、Ⅰテサ
ロニケ 3：13、ヘブ
ル 12：14。
5) Ⅰコリント 9：20−
21、ガラテヤ 6：2。

マタイ 5：17

94

問192　キリストの律法とは、どういうものですか。

答　それは「心をつくし、精神をつくし、力をつくし、思
いをつくして主なる神を愛する」こと、また「自分を
愛するように隣人を愛する」ことです。キリストがこ
のように十戒を要約されました。

1) 申命 6：5、マタイ
22：37、ルカ 10：26
−27、ヨハネ 14：15。
2) レビ 19：18、マタ
イ 22：39、ヨハネ
15：12。

ローマ 13：8−10、Ⅰコリント 13：13、ガラテヤ 5：13−14、Ⅰヨハネ 5：
1−3

問193　十戒というのは、どういうものですか。

答　むかし、イスラエルの民が、モーセにひきいられて、
エジプトの奴隷状態から脱出して、シナイ山において
神から与えられた律法です。私たちも、キリストによっ
て、罪の奴隷であった境遇から贖い出され、神に仕え
る身となった時、この十戒を与えられます。これをもっ
ていることは、神とイスラエルとの契約のしるしでし
たが、私たちもこれに従うことによって、神の民であ

1) ガラテヤ 5：13−
14、エペソ 5：1、コ
ロサイ 3：1−10。
2) 出エジプト 24：6−
8、申命 5：2−3。
3) 申命 7：6−13、イ
ザヤ 43：10、ヨハネ
13：35。

る証しを立てることができます。したがって、これは
道徳(どうとく)の教(おし)えとは違(ちが)います。[3)]

出エジプト 20：1―17、申命4：13、申命5：1―22、申命10：1―5、
ヨハネ 13：34

問 194 十戒(じっかい)の構成(こうせい)はどうなっていますか。

答 十(とお)の戒(いまし)めからなっており、第一戒(だいいっかい)から第五戒(だいごかい)までは、
私(わたし)たちの神(かみ)に関(かん)する戒(いまし)め[1)]、第六戒(だいろっかい)から第十戒(だいじっかい)までは、
隣人(りんじん)に関(かん)する戒(いまし)めです[2)]。

出エジプト 31：18、申命5：22

1) 出エジプト 20：1―
   12、申命5：6―16、
   10：12―13、マタイ
   22：37―38。
2) 出エジプト 20：13
   ―17、申命5：17―
   21、レビ19：18、マ
   タイ22：39、ローマ
   13：9。

問 195 第一戒(だいいっかい)は何(なん)といいますか。

答 「わたしはあなたの神(かみ)、主(しゅ)であって、あなたをエジプ
トの地(ち)、奴隷(どれい)の家(いえ)から導(みちび)き出(だ)した者(もの)である。あなたは
わたしのほかに、なにものをも神(かみ)としてはならない」。

出エジプト 20：2―3、申命5：6―7

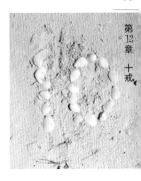

問 196 第一戒(だいいっかい)の前半部(ぜんはんぶ)において、神(かみ)は何(なに)を私(わたし)たちに示(しめ)

したまいましたか。

答 これは全体(ぜんたい)の序文(じょぶん)ともなるものであって、「わたしは
あなたの神(かみ)」と、その御名(みな)を示(しめ)し[1)]、その律法(りっぽう)の権威(けんい)の
基礎(きそ)を明(あき)らかにし、立法者(りっぽうしゃ)は神御自身(かみごじしん)であること、私(わたし)
たちを罪(つみ)の奴隷(どれい)の状態(じょうたい)から導(みちび)き出(だ)した恵(めぐ)みの神(かみ)である
ことを、示(しめ)したまいました[2)]。

1) 出エジプト 3：13―
   15、33：19。
2) 出エジプト 3：12、
   13：9―10、24：12、
   29：45―46、申命8：
   1―20、詩19：7―11
   （新共同訳8―12）、使徒
   26：17―18、コロサ
   イ1：13。

問 197 第一戒(だいいっかい)の後半部(こうはんぶ)において、神(かみ)は何(なに)を命(めい)じておら

れますか。

1) 申命6：4（マルコ 12：29）、ヨハネ17：3、Ⅰコリント8：4−6。
2) 詩93：1−2、96：10、99：1−2、イザヤ6：1−5、14：24、黙示19：6。
3) 出エジプト15：1−18、申命5：29、詩22：23（新共同訳24）、ヨハネ4：21−24、黙示4：9−11。
4) イザヤ30：15、ローマ4：20−21、ヤコブ1：5−6。

答 神の唯一性¹⁾と、その絶対主権²⁾とを主張して、私たちが、この唯一の神のみを畏れ、崇め礼拝し³⁾、全き信頼をもって、仕えるべきこと⁴⁾を命じたまいました。

問198 第一戒の違反には、どういうことがありますか。

答 神のみにふさわしい栄誉を他のものにささげることです。また、天然物や祖先や、遺骸等をおがむこと、易断、呪文、巫術そのほかの迷信行為¹⁾も含まれます。

ローマ1：23−25、Ⅰコリント10：14、ガラテヤ4：8、ピリピ3：19、コロサイ3：5、Ⅰヨハネ5：21

1) レビ20：27、申命4：15−19、17：2−7、ヨブ31：24−28、詩58：5（新共同訳6）、イザヤ2：6、エレミヤ14：14、エゼキエル8：3−18、ダニエル2：2。

第２部　生活篇

問199 第二戒は何といいますか。

答 「あなたは自分のために、刻んだ像を造ってはならない。上は天にあるもの、下は地にあるもの、また地の下の水のなかにあるものの、どんな形をも造ってはならない。それにひれ伏してはならない。それに仕えてはならない。あなたの神、主であるわたしは、ねたむ神であるから、わたしを憎むものには、父の罪を子に報いて、三、四代に及ぼし、わたしを愛し、わたしの戒めを守るものには、恵みを施して、千代に至るであろう」。

出エジプト20：4−6、申命5：8−10、イザヤ40：18−20

問200 第二戒において、神は何を命じておられますか。

答　神の霊性、永遠性[1)]、超越性[2)]を主張し、私たちが見えるものによらず、信仰により[3)]、霊とまこととをもって神を礼拝することを望んでおられます。つまり、この戒めは神の礼拝と、神との交わりの正しい方式を示すものです。

ヨハネ4：23—24、ローマ12：1—2、ピリピ3：3

1)　詩90：1—4、イザヤ40：28、Ⅰテモテ1：17。
2)　詩145：3、イザヤ40：22、エレミヤ23：23—24。
3)　Ⅱコリント5：7、ガラテヤ2：20、エペソ3：12。

問201　「自分のために」とあるのは、どういうことですか。

答　それは、人間の便宜や利益のために、それに副う形にまで、神を引き下ろそうとすることです。偶像礼拝には必ず道徳的堕落がともなっていることを見ても[1)]、それが真の敬虔から発するものでないことは明らかです。

1)　レビ26：1、申命4：16—19、ローマ1：22—27、ピリピ3：19、コロサイ3：5。

問202　しかし、神を何かの形であらわした方が、礼拝で、精神を集中するためにも、教育的にも、よいのではありませんか。

答　神のかたちはイエス・キリストによってこそ見られます[1)]。また、御言の説教のほかには、私たちに神を示すものはありません[2)]。

1)　ヨハネ1：18、14：8—9、Ⅱコリント4：4、コロサイ1：15、ヘブル1：3。
2)　Ⅱヨハネ9。

問203　なぜ、「ねたむ神」と言われるのですか。

答　神は私たちをご自身のものとして慈しみ、愛したもうからです。すなわち、私たちをこのように愛したもう生ける人格なる神は、私たちにも、ご自身に対して全人格的に応答することを求めたまいます。ゆえに私[1]たちが神の愛を拒み、偶像に走ることは、神に対する裏切り行為であり、霊的姦淫にほかならないからです。[2]

1）申命6：12—15、ヨシュア24：14—28、詩31：23（新共同訳24）、ヨハネ21：15、ヤコブ4：5。
2）エレミヤ3：6—10、3：20、エゼキエル23：30、ホセア3：1、4：12—13、4：17—18、5：7。

問204　報いが当人だけでなく、子孫にまで及ぶのはどうしてでしょうか。

答　人間の罪に対する神の呪いは、罪を犯した当人一代[1]にとどまらず、数代を罰するという大きな判決であり、それにもまして、従順に対する神の祝福は、千代にも[2]及ぶ豊かな約束であるからです。

1）ローマ5：12—21、イザヤ14：20—21、65：7、エレミヤ32：18。
2）創世22：15—18、出エジプト34：6—7、申命7：9、ローマ11：28。

問205　第三戒は何といいますか。

答　「あなたは、あなたの神、主の名を、みだりに唱えてはならない。主は、み名をみだりに唱えるものを、罰しないでは置かないであろう」。

出エジプト20：7、申命5：11

問206　第三戒において、神は何を命じておられますか。

答　神の御名は神聖で犯すことのできないものですから、[1]これを正しく用い、つねに畏れとうやうやしさと讃美[2]とをもって、その御名を呼び、私たちの全身全霊をもって、御名の栄光のために仕えるべきことを命じておられます。[3]

1）レビ19：1—2、詩83：18（新共同訳19）、99：3、イザヤ57：15。
2）詩69：30（新共同訳31）、ダニエル2：20、マタイ6：9、ヘブル13：15。
3）Ⅰコリント6：20、10：31。

問207 第三戒の違反は何ですか。

答 御名の栄光を求めることなく、これを乱用することです。たとえば、偽りの誓い、まじないや呪いの言葉、自分の言動を裏付けるために、不敬虔に御名を利用することです。

1) レビ 19：12、マタイ 23：16—22、ヤコブ 5：12。
2) 出エジプト 22：18（新共同訳 17）、申命 18：9—14、サムエル上 28：3。
3) レビ 24：13—16、ローマ 12：14。
4) マタイ 5：34—35。

問208 この戒めに限って、なぜことさらに、守らないものは「罰しないでは置かないであろう」と付記されているのですか。

答 それは、神が御名の栄光を保持したもうことに、特に熱心であるからです。神の名を汚し、神を侮り、聖なるものを犯すことが、どのように恐ろしい罪であるかを知らねばならないからです。

1) イザヤ 48：11、エレミヤ 34：16—20。
2) 使徒 13：41、ガラテヤ 6：7、ヘブル 10：29。

出エジプト 34：14、レビ 18：21、レビ 18：25

問209 第四戒は何といいますか。

答 「安息日を覚えて、これを聖とせよ。六日のあいだ働いてあなたのすべてのわざをせよ。七日目はあなたの神、主の安息であるから、なんのわざをもしてはならない。あなたもあなたのむすこ、娘、しもべ、はした

め、家畜、またあなたの門のうちにいる他国の人もそうである。主は六日のうちに、天と地と海と、その中のすべてのものを造って、七日目に休まれたからである。それで主は安息日を祝福して聖とされた」。

出エジプト 20：8—11、申命 5：12—15

問210 第四戒において、神は何を命じておられますか。

答 神が天地創造のわざを終えて、七日目に休まれたことから、神は人間にも、恵みとして安息日を与えたまいました。それゆえ、私たちも安息日を覚え、この世の業務を停止し、ひたすら、神に仕えて、きよく過ごすことを命じておられます。

1) 創世 2：2—3。

出エジプト 16：22—30、レビ 19：30、イザヤ 56：4—7、イザヤ 58：13—14、ルカ 4：16、ルカ 23：56

問211 「安息日を祝福して、聖とされた」とは、どういうことですか。

答 神がこの日を聖とされたので、私たちもこの日を聖とするのです。聖とするというのは、神が一週間のうち、一日を特に聖別して私たちに与えたまいましたから、ふだんの日とは区別し、まず教会に出席して、神の恵みの御言を聞き、礼拝をささげ、神との交わりと安息とをもつことです。これを、人間の要求に基づくこの世的な休息と娯楽の日と混同してはなりません。

レビ 19：30、イザヤ 58：13—14、エゼキエル 20：12、ルカ 13：10、使徒 18：4、ヘブル 4：9—11

問212 十戒には「七日目」とあるのに、私たちはどう

して週の第一日の日曜日を安息日としているのですか。

答　天地創造以来の祝日としての安息日は七日目でした
が、主イエス・キリストの復活以後は、新たに、その
復活の日、すなわち、週のはじめの日が、私たちの救
いの完成を保証し、終わりの日を待ち望ませるものと
して、主の日と定められたのです。

使徒20：7、黙示1：10

1)　創世2：3、ルカ
　　23：56。
2)　マタイ28：1。

問213　すでに、キリストのものとなっている私たちな
らば、むしろ主の日も休まずに働くことが、御こころ
にかなうことではないでしょうか。

答　いいえ、そうではありません。神は「六日のあいだ
働いてあなたのすべてのわざをせよ」と命じておられ
ますから、私たちは六日の間は忠実に働かねばなりま
せん。しかし、私たちの働きは御旨にかなっていると
思っていても、つねに過ちに陥ります。私たちは主の
日には働きをやめて、御前に出て御言を聞き、新たに
されて聖徒のつとめを果たさねばなりません。それと
ともに、神は私たちの肉体の弱さをあわれんで休息が
とれるように、社会が秩序づけられることをよしとし
たまいます。したがって、私たちは自分が休むだけで
なく、人にも解放を与えねばなりません。

1)　Ⅰテサロニケ4：11
　　−12、Ⅱテサロニケ
　　3：10−12。
2)　詩73：17、73：26、
　　イザヤ40：30−31。
3)　出エジプト23：12、
　　申命5：12−15。

問214　第五戒は何といいますか。

答　「あなたの父と母を敬え。これは、あなたの神、主が
賜わる地で、あなたが長く生きるためである」。

出エジプト20：12、申命5：16

問215　この戒めは親子の関係に基づいて、孝行を教え
ているのですか。

答　いいえ、これは契約の民としての親子の関係について
与えられたものですから、キリスト者は律法の完成者
としての主イエス・キリストに対する信仰において、
聞き従うべきです。

マタイ5：17—18、エペソ6：1、コロサイ3：20

問216　それでは、第五戒において、神は何を命じてお
られますか。

答　私たちが、心からの尊敬をもって、父母に対して愛と
感謝と従順とをささげることを命じておられます。

出エジプト12：17、申命27：16、エペソ6：1—3

問217　どういう理由に基づいてこのように命じておら
れますか。

1)　申命4：10、6：7、8：5、
11：19—21、箴1：8
—9、ヘブル13：17。

答　神は父母を通じて私たちに生命を与え、養育し、御言
を教え、神との交わりのうちに置きたまいます。それ
ゆえ、神の代表としての父母を敬うことによって神を
崇め、父母に対して謙遜従順であることによって、神
に栄光を帰するように命じられました。このような
従順は、御言を教えるつとめを担う者にも向けられる
べきです。

問218　神の言を教えず、または、信仰を妨げる父母は
尊ばなくてもよいのでしょうか。

答　キリスト者にとっては、神に従うことが一切に優先することですから、もし神の命令と親の要求とが相反する場合には、もとより神に従わなければなりません。[1]しかし、そうでない限り、私たちは、主にあって忍耐をもって両親を尊ばなければなりません。なによりも彼らが信仰に導かれるために祈らねばなりません。[2]

1）　マタイ10：37、ルカ14：26、使徒4：19、5：29、ガラテヤ1：10。
2）　エペソ6：1。

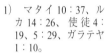

問219　「これは、あなたの神、主が賜わる地で、あなたが長く生きるためである」とは、どういう意味ですか。

答　これは、私たちが、罪の奴隷の状態から解放されて、信仰による自由の場所に置かれ、神の約束したもうた、末ながくつづく大いなる祝福の確かさを示して、主にあって父母を敬うことをすすめているのです。

詩128：1−6、エペソ6：1−3

問220　第六戒は何といいますか。

答　「あなたは殺してはならない」。

出エジプト20：13、申命5：17、民数35：30−31、マタイ5：21−26

問221　第六戒において、神は何を命じておられますか。

答　この戒めにおいて、神は私たちに、隣人の生命をそこなうことなく、かえってこれを愛し、かつ、尊ばなければならないことを示しておられます。

Ⅰコリント3：16−17、ガラテヤ5：13−15、ヤコブ3：9−10

問222　この戒めは、人間以外の生きものを殺すことを

禁じているのですか。

答　そうではありません。これは、もっぱら人間について言われているのです。ただ、人間はすべての生きものを治める立場に置かれておりますから、必要以上に殺すことは慎まなければなりません。

創世1：26、出エジプト23：19、申命12：20—23、詩8：4—8（新共同訳5—9）、ヘブル2：8

問223　人間の生命が、とくに尊いのは、なぜでしょう。

1) 創世1：26—27、9：6—7。
2) 申命7：12—15、ネヘミヤ1：4—11、ホセア14：4—7（新共同訳5—8）、ヨハネ3：16。

答　神は人間を、御自分のかたちにかたどって造り、その救いのために御子を賜うほどに愛しておられるのです¹⁾から、私たちは人間の生命を尊ばなければなりません²⁾。それゆえ、殺人も自殺も、人間の生と死とを支配したもう神の主権を犯すことです。

問224　人間を「殺す」ということは、その肉体の生命を断つことだけをいうのでしょうか。

答　そうではありません。主イエス・キリストは隣人に対していだく怒り、憎しみ、嫉妬、復讐心といった、すべての悪意は、一種の内的殺人であって、暴力行為等とともに、明らかに第六戒を犯すものと教えたまいました。

レビ19：17—28、マタイ5：21—22、エペソ4：31、ヤコブ3：8—9、Ⅰヨハネ3：15

問225　それでは、私たちは、ただそれらの行為を犯したり、そういう思いを抱いたりしなければそれでよいのですか。

答　いいえ。私たちは隣人に害を加えないばかりか、友に対しても、敵に対しても積極的に彼らの生命と良心と体とを守ることにつとめなければなりません。

マタイ 5：43－44、ルカ 6：27－36、ルカ 10：25－37、ローマ 12：10、ローマ 12：20－21、コロサイ 3：12－14

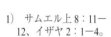

問 226　防衛のためや、職務上、憎しみのないままに、やむなく人を殺さねばならない場合は許されるのでしょうか。

答　私たちは、イエス・キリストの十字架によって、自分の一切の罪が赦されることを確信しています。しかし、人が人を殺すような不合理は、なしうる限り、解消するようにつとめることが当然です。また、私たちはこの世から命じられ、許されていることであっても、これを良心によって拒否する自由をもっています。

1）　サムエル上 8：11－12、イザヤ 2：1－4。
2）　ローマ 13：4、I コリント 10：23。
3）　I コリント 10：29。

第七章　十戒

問 227　第七戒は何といいますか。
答　「あなたは姦淫してはならない」。

出エジプト 20：14、申命 5：18

問 228　第七戒において、神は何を命じておられますか。
答　性の純潔を保ち、結婚生活においては貞潔を守ることを命じておられます。

マタイ 5：8、マルコ 10：11－12、ローマ 2：22、I コリント 6：15－18、ヘブル 13：4

問 229　性の純潔について、もっと詳しく説明してください。

1) Ｉコリント 3：16、6：19。
2) ローマ 12：5、Ｉコリント 6：15。
3) マタイ 5：27−32。

答　私たちは神の恵みによって贖われ、神の宮、キリストの肢とされたものですから、このような存在であることをわきまえず、欲望の奴隷となり、相互の尊厳をきずつけるようなことをしてはなりません。肉体の純潔は心の純潔があってこそ保ち得るものですから、主イエス・キリストも内心の情欲は姦淫と同罪とみておられます。情欲を刺戟するようなすべてのものをしりぞけ、性的に無秩序な行為をしりぞけ、隣人、特に異性の貞操を重んじ、たがいに心身の純潔を保つものでなくては、神の国を嗣ぐものとされません。

第2部 生活篇

1) 創世 2：18−24。

問230　結婚生活において、なぜ貞潔でなければならないのですか。

答　神は、最初、人間を男と女とに造り、一人の男と一人の女との結合と協力とによって、人類のつとめを果たすようにお定めになりました。それゆえ、私たちは自分たちの結婚生活における貞潔を重んじるとともに、他の人々の結婚生活をも乱したり、汚したりするようなことをしてはなりません。

エペソ 5：22−33、コロサイ 3：18−19、Ｉペテロ 3：1−7

問231　第八戒は何といいますか。

答　「あなたは盗んではならない」。

出エジプト 20：15、申命 5：19

問232　第八戒において、神は何を命じておられますか。

答　神は、隣人の財産と権利とを犯してはならない、と命じておられるのです。

　　詩37：21、エペソ4：28、Iテサロニケ4：6

問233　神がそのように命じておられるのは、どういうわけですか。

答　いっさいのものは、みな神の所有であり、私たちが地上において、それらを所有しているのは、神がいつくしみをもって、それぞれの救いと生活の必要とに応じて頒ち与え、委ねておられるのです。それゆえ、私たちは人の権利や持ち物を犯さないばかりでなく、進んでこれを保護しなければなりません。つまり、私たちが隣人の財産をそこなうことは、とりもなおさず、これを与えたもうた神の御旨と手立てとを軽んじ、ひいては、神のいつくしみたもう隣人の存在をそこなう結果となるからです。

1)　出エジプト9：29、19：5、申命10：14、ヨブ41：11（新共同訳3）、詩24：1、Iコリント10：26。
2)　出エジプト22：26−27（新共同訳25−26）、詩145：15−16、箴30：8、マタイ6：11、Iテモテ6：7−8。

問234　どうすれば、この戒めに最も忠実になれるでしょうか。

答　盗むという行為の前に、かくれた欲望と悪意とをなくし、自分よりも貧しい人々を顧み、自分の当然の権利と思われることをも、時にはひかえめにすることです。

1)　イザヤ3：14−15、使徒20：35、エペソ4：28。
2)　レビ19：9−10、申命24：19−22、ルツ2：15−16、箴11：24。

　　マタイ6：24、ローマ15：1−3、ピリピ2：4、ピリピ4：11、Iテモテ6：6

問235　盗みに準ずることに、どういうことがあります
か。

1）詩10:7、ヤコブ5:4。
2）出エジプト23:8、
サムエル上8:3、詩
26:10、アモス3:
10。
3）出エジプト22:25、
エゼキエル18:7−8。

答　詐欺[1)]、横領、脅喝、贈収賄[2)]はもちろんのことですが、
法律的には不正と判断されないものでも、神と良心と
の前には汚れた金もうけの手段はたくさんあります。[3)]
要するに、正当な秩序と労働とによらぬ取得と所持、
隣人愛にもとる商業的行為、また無益な消費は盗みに
ほかなりません。

問236　第九戒は何といいますか。
答　「あなたは隣人について、偽証してはならない」。

出エジプト20:16、申命5:20

問237　第九戒において、神は何を命じておられますか。

1）箴6:16−17、イザ
ヤ59:13。
2）マタイ15:19、マ
ルコ7:22、Ⅰテモ
テ6:4、テトス3:2。
3）箴25:23、ローマ1:
29、Ⅱコリント12:
20。

答　法廷における偽証をはじめ、偽言[1)]、誹謗[2)]、陰口[3)]、嘘言
等をもって、隣人をそこなういっさいの言葉の罪、さ
らには、いまだ舌にのぼらぬ隣人に対する悪意、中傷
の念を抱いてはならない、と命じておられます。

箴19:5、箴21:28、箴24:28、マタイ7:1−2、エペソ4:25、Ⅰ
ペテロ3:10−11

問238　神が、そのように命じたもう根拠は何ですか。
答　内に悪意がひそむ時には、必ず悪しき言葉となってあ
らわれます。それゆえ、まず隣人に対する内なる悪意
をなくさねばなりません。偽証することは、真実より
も利害を愛し、神の真実よりも人間の欲望を尊ぶとこ
ろから生まれます。私たちがいつわりの言葉をもって

108

第
2
部

生
活
篇

そこなうことは、とりもなおさず、神の真実を無視し、これを踏みにじることであることを知らねばなりません。

出エジプト 23：1－3、詩 31：5－6（新共同訳 6－7）、マタイ 26：59－61、ローマ 3：3－4、Ⅰコリント 1：9、Ⅱコリント 1：18

問239 よい目的のために、または、やむをえないときには、うそも許されるでしょうか。

答 神は真実でいましたまいますから、真実以外のものをもって仕えられることを喜びたまいません。[1] 私たちの舌は、ただ真実だけを告げるためのものです。この第九戒はこれまでの戒めが行いに課せられたのに対し、言葉に課せられるのです。[2]

1） 詩 101：7、イザヤ 59：13－19。
2） ヤコブ 3：2－18。

イザヤ 28：15－17、ローマ 3：5－8

問240 神は、ただ偽証を立ててはならない、と言われているのですか。

答 いいえ。真実であられる神を愛する愛に基づいて、隣人を愛し、つねに真実をもってこれに接し、正しい証しを立て、また、善意をもって、名誉を隣人に帰するようにし、こうして、いつわりに満ちた世界に神の真実を貫き立てるために、あらゆる努力をはらうように求めておられます。

ゼカリヤ 8：16－17、ルカ 10：25－37、エペソ 4：14－15、Ⅰペテロ 4：8－11、Ⅰヨハネ 4：11－12

問241 第十戒は何といいますか。

答 「あなたは隣人の家をむさぼってはならない。隣人の

妻、しもべ、はしため、牛、ろば、またすべて隣人の
ものをむさぼってはならない」。

出エジプト 20：17、申命 5：21

問242　第十戒において、神は何を命じておられますか。
答　これは、心に課せられた戒めです。神は心の中までを
さぐりたもう御方ですから、行いと言葉とだけでなく、
思いと願望とをも潔めることを命じておられます。

サムエル上 16：7、詩 139：4、マタイ 15：18—19、ヤコブ 1：14—15

問243　神は、なぜ、このように厳しくむさぼりを禁じ
られるのですか。
答　むさぼりは、結局、自分と自分の欲望とを神の座につ
かせ、神の定めたもうた、神と人、人と人との秩序を
無視して、ほしいままに振る舞うことにほかならない
からです。神のいつくしみたもう隣人のものをむさぼ
ることは、とりもなおさず、絶対者なる神の主権を傷
つけ、侮辱することで、これは神が決して許したまわ
ないことです。

ヨシュア 7：19—25、箴 21：26、ミカ 2：2—3、エペソ 5：5

1）コロサイ 3：5。

問244 必要なものを求めることは許されると思います
　　　が、どこからが、むさぼりになるのですか。

答　私たちには、隣人を愛することが命じられていますが、
　　これにさからって自分の利益を求めることがむさぼり
　　です。自分よりも貧しい者を見過ごしにして、自分の
　　み奢りにふけることはむさぼりです。

　　Ⅰヨハネ3：17

1) Ⅰコリント10：24。

問245 十戒は要約すると、どういうことになりますか。
答　「心をつくし、精神をつくし、力をつくし、思いをつ
　　くして、主なるあなたの神を愛せよ」、また、「自分を
　　愛するようにあなたの隣り人を愛せよ」ということに
　　なります。

　　レビ19：18、申命6：5、マタイ22：37－39、ルカ10：27、ヨハネ
　　21：15、Ⅰヨハネ3：11

問246 神はこれらの戒めに、絶対に服従することを命
　　　じておられますが、私たちはこれらを完全に行いうる
　　　でしょうか。
答　いいえ。私たちは罪人ですから完全に行いうるもの
　　は誰もありません。しかし、わたしたちは神の戒めに
　　従って生きる決意を与えられており、神は、私たちの
　　不完全な服従をも、キリストにあって受け入れてくだ
　　さるのです。

　　エレミヤ31：33、マタイ5：17、ローマ3：31、Ⅰペテロ1：14－16

問247　では、誰も完全には行いえないことを、どうして神は命じておられるのですか。

1）ローマ3：10−18、
Ⅰテモテ1：15。
2）ローマ9：31−32、
ガラテヤ5：3−5。

答　私たちに自分の罪を認めさせ、自分の義¹⁾によって立つことを断念させ²⁾、ますます深く救い主イエス・キリストに依り頼ませ、いよいよ罪の赦しとキリストにある義とを求めさせるためです。さらに、聖霊の恵みを求めて、私たちが神のかたちに従って新しくされ、終わりの日において、ついに完成に到達するよう、神に祈らせたもうのです。

ローマ8：4、Ⅰコリント15：10、ピリピ1：6、ピリピ2：12−13、テトス3：1−9、ヘブル13：20−21

第2部　生活篇

第13章　主の祈り

主よ、ヨハネがその弟子たちに教えたように、
わたしたちにも祈ることを教えてください。ルカ11：1

問248　キリスト者の祈りとは何ですか。

答　祈りとは、神を正しく認識した者が、神との交わりにおいて、神と語り合うことです。すなわち、私たちを執り成してくださるイエス・キリストの御名により、聖霊の助けを受けて[2]、神の栄光をたたえ[3]、その恵みを感謝し[4]、罪を告白し[5]、執り成し[6]、祈願をささげること[7]です。

詩19：14（新共同訳15）、詩62：8（新共同訳9）、エペソ6：18−19、コロサイ4：2、Ⅰテモテ2：1、黙示5：8

1）　ヨハネ14：13−14、15：16、16：23−26、コロサイ3：17。

2）　ローマ8：26−27、エペソ6：18。

3）　歴代上29：10−13、詩86：9、141：2、マタイ6：9、黙示5：13−14。

4）　出エジプト15：1−2、ダニエル2：23、ローマ1：8、Ⅰコリント1：4、Ⅱコリント1：11、ピリピ4：6。

5）　詩32：5、ダニエル9：3−19、ヤコブ5：16、Ⅰヨハネ1：9。

6）　創世18：22−33、エペソ6：18−20、Ⅰテモテ2：1−3。

7）　詩2：8、マタイ7：7−11、ルカ11：9−13、ヨハネ14：13、Ⅰヨハネ5：14−15。

問249　なぜ祈らなければなりませんか。

1）ローマ8：15、IIコ
リント6：18、Iヨ
ハネ3：1。
2）マルコ14:36、ロー
マ8：15、ガラテヤ4：
6。
3）エペソ2：7。

答　祈りは神が最も求めたもうささげものだからです。
聖霊が私たちに子たる身分を授ける霊を与え、アバ父
と呼ばせるのです。私たちは、この祈りによって、い
よいよ生命を豊かにされ、恵みの富にあずかるのです。

詩50：14−15、詩51：16−17（新共同訳18−19）、ホセア14：2（新
共同訳3）、マタイ7：7−11、ルカ11：13、ヘブル13：15−16

問250　いかに祈るべきですか。

1）ヘブル10：22
2）マタイ21：22、ル
カ11：13、ヨハネ
16：23−24。

答　ただ、聖なる神の御前に、霊とまこととをもって祈る
べきです。それは、畏れと信頼とをもって神に近づき、
自らの無価値と欠乏とを意識し、求める必要を痛感し
て、確信をもって、熱心に祈ることです。

列王上8：38−39、マタイ6：7、ヨハネ4：23−24、Iテサロニケ5：
17

問251　祈りは神と個人との間のことがらではありま
せんか。私たちが共に祈るということには、どういう
意味がありますか。

答　個人の祈りは、もとより欠くことはできません。しか
し、それとともに、共同の祈りもまた、主の求めたも
うところです。なぜならば、キリスト者の生活は聖徒
の交わりであり、それは一つの霊と一つの口とをもっ
て神を崇め、兄弟から信仰の告白を聞き、共に祈るこ
とのうちに生かされるからです。そして、このことが
教会全体を建てるのです。

詩122：1−9、マタイ18：19−20、使徒2：42、使徒12：5、使徒
20：36

問252　正しい祈りの模範は何ですか。

答　聖書の言葉のすべてが、真の祈りを教えますが、特に
　　キリストは「主の祈り」を弟子たちに教えて、祈りの
　　模範としてくださいました。

　　マタイ6：9—13、ルカ11：1—4

問253　主の祈りの内容は何ですか。

答　神への呼びかけと、六つの祈りと、結びの頌栄とから
　　なっています。そして、はじめの三つは、もっぱら神
　　御自身のことが求められ、あとの三つでは、神のもの
　　である私たち自身のことを求めることが許されていま
　　す。

1）　詩95：6、115：1、
　　マタイ6：9—10、6：
　　33。
2）　マタイ6：11—13。

問254　神への呼びかけは何といいますか。

答　「天にまします我らの父よ」。

　　マタイ6：9

問255　「天にまします」とは、どういう意味ですか。

答　私たちが、神をこの世の知恵をもって知りえない
　　全能者、すべてのものを統治したもう主権者として崇
　　めることです。私たちの地上の思いを引き上げて、神
　　に信頼と服従とをささげることを意味します。

1）　詩93：1、イザヤ
　　66：1、ダニエル4：
　　26（新共同訳23）、黙
　　示11：15、19：6。
2）　ピリピ3：19—20、
　　コロサイ3：1—2。

　　詩103：19、詩115：2—3、マタイ5：34、マタイ23：9、黙示4：2

問256　どうして「われらの父よ」と呼ぶのですか。

1) ローマ 15：6、エペソ 1：3。

答　神はイエス・キリストの父にていまし、私たちはキリストにおいて神の子とされました。それゆえ、子として慈愛に富みたもう父に対して、畏敬と信頼とをささげ、主にある兄弟と共に、また、兄弟のために祈るべきです。

ヨハネ 20：17、ローマ 8：15、ローマ 15：30、エペソ 3：14—15、ヘブル 12：9、Ⅰペテロ 1：17

問257　第一の祈りは何といいますか。

答　「願わくは御名を崇めさせたまえ」。

詩 113：1—3、マタイ 6：9、ルカ 11：2

問258　御名が崇められるとは、どういうことですか。

1) 出エジプト 3：13—14、33：19、詩 76：1（新共同訳2）、ヨハネ 17：6、17：26。
2) 詩 99：3、イザヤ 6：3、43：15、49：7、ホセア 11：9、黙示 4：8。
3) Ⅱテサロニケ 1：10。

答　御名とは、イエス・キリストにおいて正しく知られた神の御存在と御性質のことであり、崇められるとは、すべての聖徒が、御名の聖なることを告白し、すべての造られたものが讃美と頌栄とをささげ、全世界に神の栄光の輝くことです。

詩 92：1（新共同訳2）、マタイ 5：16、ローマ 15：6、Ⅰコリント 8：6、黙示 4：8

問259　第二の祈りは何といいますか。

答　「御国を来らせたまえ」。

マタイ 6：10、ルカ 11：2

問260　御国とは、どういうものですか。

注　第九章（教会）、問

答　キリストによる神の支配であって、キリストが来り

たもうたことにより、すでにはじまっている国であり、神の言と聖霊とによって統治され、完成をめざしているものです。

ルカ 11：20、ルカ 17：21、Ｉコリント 15：24、コロサイ 1：13、黙示 22：20

147 参照。
1) 黙示 12：7－10。

問261 「来らせたまえ」とは、どういう意味ですか。

答 教会が増し加えられ、キリストの支配が私たちの中にも、全世界にも徹底し、悪魔の業が打ち砕かれ、ついに神の民の数が満ち、キリストの再臨によって、御国が完成することを祈るのです。

ローマ 11：25－26、ローマ 16：20、Ｉコリント 15：24－28、エペソ 1：20－21、Ｉヨハネ 3：8、黙示 10：7、黙示 11：15、黙示 12：10、黙示 17：17

問262 第三の祈りは何といいますか。

答 「御こころの天になるごとく、地にもなさせたまえ」。

マタイ 6：10、ルカ 11：2

問263 「御こころの天になるごとく」とは、どういうことですか。

答 神の御こころが、世のはじめ以来、天において御使によって行われているように、ということです。

詩 103：19－22、詩 119：89、ヘブル 1：14

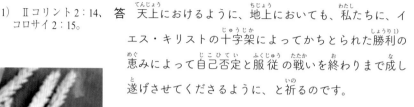

問264 「地にもなさせたまえ」とは、どういうことですか。

1) Ⅱコリント2：14、コロサイ2：15。

答 天上におけるように、地上においても、私たちに、イエス・キリストの十字架によってかちとられた勝利[1]の恵みによって自己否定と服従の戦いを終わりまで成し遂げさせてくださるように、と祈るのです。

イザヤ25：8−9、マタイ5：48、Ⅰコリント15：57−58、エペソ3：16−19、Ⅰテサロニケ5：4−11、Ⅰペテロ1：13−21、Ⅰヨハネ5：4−5、黙示7：14

問265 第四の祈りは何といいますか。
答 「われらの日用の糧を今日も与えたまえ」。

出エジプト16：4、出エジプト16：12−15、列王上19：4−8、マタイ6：11、ルカ11：3

問266 「われらの日用の糧」とは何ですか。
答 すべての人間の現実の生存に必要ないっさいのものです。これは、神が恵みとして与えてくださったものですから、とくにキリスト者は感謝をもって受けるべきです。

創世28：20−22、申命8：3、詩145：15、箴30：8−9、マタイ4：4、マタイ6：32、Ⅰテモテ4：3−5

問267 どうして「今日も与えたまえ」と祈るのですか。

1) マタイ14：19、15：36、使徒27：35。
2) 詩62：8（新共同訳9）、115：9−11。

答 すべては神の与えてくださるものですから、神の祝福[1]がなければ勤労もむくいられず、また、勤労の果として受けた糧といえどもわたしたちのものとはなりません。それゆえ、富める者も、一日の糧を与えたまえ、と祈る必要があります。こうして、私たちは全信頼[2]を

神にのみ置くのです。夕には明日の必要、朝には今日
の必要について祈りつつ働くのです。

　マタイ 6：34、ピリピ 4：6、ピリピ 4：19、Ⅱテサロニケ 3：11－12

問 268　第五の祈りは何といいますか。
答　「われらに罪を犯す者を、われらが赦すごとく、われ
　　らの罪をも赦したまえ」。

　マタイ 6：12、ルカ 11：4

問 269　「われらに罪を犯す者を、われらが赦すごとく」
　　とは、私たちの罪が赦される条件でしょうか。
答　いいえ、そうではありません。罪の赦しは十字架の贖
　　いによって、価なくして与えられる恵みです。

　ダニエル 9：18－19、使徒 13：38、ローマ 3：24、ローマ 4：5、エペ
　　ソ 2：5、Ⅰヨハネ 2：12、Ⅰヨハネ 4：10

問 270　それでは「われらが赦すごとく」とは、どうい
　　うことでしょうか。
答　私たちは、すでに赦罪の恵みの中にあるのですから、
　　互に赦し合うべきものです。それゆえ、互の罪を赦す
　　ことは、まことに困難なことであるとはいえ、兄弟の
　　罪を赦さないのは、神のあわれみを拒むことであり、
　　神の赦しを期待しえない状態にあるのです。

　マタイ 6：15、マタイ 18：21－35、マルコ 11：25－26（新共同訳
　　25）、エペソ 4：32

問 271　「われらの罪をも赦したまえ」とは何でしょうか。
答　私たちは肉体をもってこの世に生きる限り罪を犯しま

す。もし神がキリストのゆえにつねに赦してくださらないならば、私たちは失われたものです。それゆえに、私たちは、心から神の赦しを祈り求めなければなりません。これによって自分自身も隣人の罪を心から赦す者とされ、神のものたるに適わしいものになるのです。

マルコ11：25―26（新共同訳25）、使徒2：38、Ⅰヨハネ2：1

問272　第六の祈りは何といいますか。

答　「われらを試みにあわせず、悪より救い出したまえ」。

マタイ6：13、ルカ11：4

1）　Ⅱコリント11：13
　　―15。
2）　創世3：1、マタイ4：
　　5―6。

問273　「試みにあわせず」とは、どういう意味ですか。

答　人間は弱いものですから、神が私たちをいっさいの悪魔の誘惑から護り、聖霊によって支えてくださるように、と祈るのです。悪魔はしばしば、光の衣をまとい、神の言を利用して、私たちを試みるゆえ、たえず目を覚ましていなければなりません。

詩91：12、マタイ4：1―2、マタイ26：41、Ⅱテモテ4：18、ヤコブ
　1：13―15、Ⅰペテロ5：8

問274　「悪より救い出したまえ」とは、どういう意味ですか。

答　悪とは悪しきこと、また、悪しき者を意味し、私たちを永遠の滅亡に誘う悪魔の支配から救い出し、これに抵抗させ、ついに永遠の御国に移したまえ、と祈るのです。

マタイ26：41、ヨハネ16：33、使徒26：18、コロサイ1：13、テトス3：
　1―2、Ⅰペテロ5：9

問275　結びの頌栄は何といいますか。

答　「国と権力と栄えとは、限りなく汝のものなればなり」。

　　歴代上 29：10－13、ダニエル 7：14、エペソ 3：20－21

問276　これは聖書の本文にはありませんが、どういう
　　　　わけですか。

答　これは、主の祈りの本質から当然出てきたものです。
　　また、祈りの結びに慣用されたたたえの言葉であって、
　　初代教会が早くから、礼拝に主の祈りを用いていまし
　　たので、この頌栄が加えられて今日に至ったものです。

　　詩 115：1、詩 145：1－13、Ⅰコリント 15：24、黙示 4：11、黙示 11：15

問277　この頌栄はどういう意味ですか。

答　神を天地の主、永遠の王として、その支配と全能と
　　栄光とが、永遠にわたって、神御自身のものであるこ
　　とを讃美頌栄するのです。

　　詩 145：13

1）詩 115：15、マタイ
　 11：25、使徒 17：24。
2）詩 44：4（新共同訳 5）、
　 Ⅰテモテ 1：17、黙
　 示 19：6。
3）イザヤ 57：15、黙
　 示 4：11、5：12－
　 13、11：15。
4）歴代下 20：21、詩
　 146：1－2、使徒 16：
　 25、ローマ 15：11、
　 エペソ 5：18－21。

問278　「アーメン」とは、どういう意味ですか。

答　アーメンとは、「まことに、そのとおりに」という
　　意味で、誠実な同意をあらわして、各自が、また会衆
　　が祈る時に用います。もとより、「アーメン」の確かさは、
　　私たちの願いのせつなることを要求しますが、それを
　　聞いてくださる神の真実に基づくことは言うまでもあ
　　りません。

1）列王上 18：36－37、
　 マタイ 7：7－11、ル
　 カ 11：8－12、18：1
　 －7、ヨハネ 16：24。

　　ローマ 3：4、Ⅱコリント 1：20－22、Ⅱテモテ 2：13、黙示 5：1、黙示 7：
　　12

第14章　終わりの日

わたしをつかわされたかたのみこころは、わたしに与えて下さった者を、
わたしがひとりも失わずに、終りの日によみがえらせることである。
わたしの父のみこころは、子を見て信じる者が、
ことごとく永遠の命を得ることなのである。
そして、わたしはその人々を終りの日によみがえらせるであろう。ヨハネ6：39−40

わたしの語ったその言葉が、
終りの日にその人をさばくであろう。ヨハネ12：48

あなたがたは、終りの時に啓示さるべき救にあずかるために、
信仰により神の御力に守られているのである。Ⅰペテロ1：5

問279　終わりとは、どういうことですか。

答　この世の終わりをいうのです。すなわち、この世の
　　秩序が神によって終わりを告げられ[1)]、すべてのものの
　　究極の目的が明らかにされ[2)]、神の完全な支配が打ち立
　　てられること[3)]です。

1) マタイ13：39−40、
24：1−14、Ⅰペテロ
4：7。
2) ダニエル9：15−
27、Ⅰコリント3：13、
15：28、Ⅱテモテ4：8。

3) イザヤ 2：1－4、ダニエル 7：14、Ⅰコリント 15：24－28、黙示 12：10、19：6。

問280 終わりの日は、どのようにして来るのですか。

1) イザヤ 65：17、エレミヤ 33：14、ヨエル 2:31（新共同訳 3:4）、アモス 5：18。
2) ヨハネ 6：40、14：3。
3) マタイ 16：27、24：30－31、黙示 1：7。

答 終わりの日は、旧約における主の日の成就として、イ[1] エス・キリストによって約束されたように、[2] 主の再臨[3] において来ます。

問281 再臨の日に、イエス・キリストによって何がなされるのですか。

1) Ⅰコリント 4：5、コロサイ 3：4、Ⅱテモテ 1：10。
2) 伝道（コヘレト）12：14、Ⅱコリント 5：10、黙示 20：12－15。
3) 詩 138:8、ローマ 8：23、ピリピ 1：6。
4) Ⅰコリント 15：24、Ⅰテサロニケ 2：19、黙示 12：10－12。

答 それまでは、ただ信仰の秘義として隠されていたものが、あきらかにされるのです。すなわち、最後の審判[1] が行われ、[2] 救いの御業が完成し、[3] 神の国が実現するのです。[4]

問282 終わりの日の審判とは、どういうことですか。

1) ヨハネ 5：22、使徒 10:42、Ⅰコリント 4：3－4、Ⅰペテロ 4：5、黙示 20：12。
2) Ⅰテサロニケ 4：13－18、ヘブル 9：27－28。

答 それは、来りたもう主イエス・キリストの審判です。[1] 生きている者も、死んだ者もよみがえらされて、すべてこの審判の座の前に立たせられるのです。[2]

問283 それでは、終わりの日は、罪人にとっては、恐ろしい審判の日ですか。

1) マルコ 3：28－30、ヘブル 10：29－32。
2) マタイ 25：46、ヨハネ 5：29、ローマ 2：8、Ⅱテサロニケ

答 そうです。聖霊の執り成しをしりぞけ、あくまでも[1] 神に従わない者には、呪いと永遠の刑罰とが宣告される日です。[2] しかし、主イエス・キリストの十字架の贖

いを信じる者には待望の日です。なぜなら、私たちの罪に対する呪いと刑罰とは、キリストによって負われ、赦されているからです。

1：7-9、Iペテロ4：17-18。

3) イザヤ53：4、ローマ4:25、ガラテヤ3：13。

アモス5：18-20、マタイ25：31-46、ヨハネ5：22-29

問284 終わりの日に、救いの業が完成するとは、どういうことですか。

答 古い天地は過ぎ去り、新しい天地があらわされ、私たちの卑しい体は栄光の体と変えられ、勝利の冠が与えられることです。

1) イザヤ65：17、66：22、Iペテロ3：10-13、黙示21：1-2。

2) Iコリント15：50-52、IIコリント3：18、ピリピ3：21。

問285 終わりの日の勝利の保証は、どこに与えられていますか。

答 それは、イエス・キリストの十字架と復活と昇天と聖霊の働きという、終末的な出来事においてです。

使徒2：1-4、使徒2：14-21、使徒2：38、使徒17：31、ローマ8：34、Iコリント1：30-31、IIコリント1：21-22、IIコリント5：5、ガラテヤ5：17、エペソ1：3-14、ヘブル1：1-3

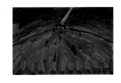

問286　この世を去ったキリスト者は、どのような状態
に置かれますか。

1) ヨハネ 5：28−29、
6：40、Ⅰコリント
15：51−58、ピリピ 3：
21、Ⅰテサロニケ 4：
13−18。

答　主にあって死んだ者は、終わりの日に栄光の体によみ
がえらされるまで、イエス・キリストと共におります。[1]

ルカ 22：43、Ⅱコリント 5：8、ピリピ 1：23、コロサイ 3：3−4

第
2
部
生活
篇

問287　終わりの日に、神の国が実現するとは、どうい
うことですか。

1) ヨハネ 17：22−26、
Ⅰペテロ 1：7、Ⅰヨ
ハネ 1：3、黙示 5：1
−14。
2) マルコ 1：14−15、
ルカ 10：9、Ⅱテモ
テ 4：1−5。
3) マタイ 6：10、6：
33。

答　終わりの日に、キリストはすべての権威と権力とを
滅ぼして、国を父なる神に渡されるのです。こうして、
神の国は実現し、私たちは神との聖なる交わりに置か
れ、永遠の祝福にあずかることができるのです。[1]
　この神の国実現の日まで、教会は神の国が近づいたこ
とを告知しつつ[2]、御国が来ることを祈りつづけるのです。[3]

イザヤ 65：17、ダニエル 2：44、ダニエル 7：26−27、Ⅰコリント
15：24

問288　では、どのようにして、終わりの日を知ること
ができますか。

1) ヨハネ 14：3、エペ
ソ 1：12−14。
2) ハバクク 2：3、ロー
マ 8：24−25、ピリ
ピ 3：20、ヘブル 10：
37、Ⅱペテロ 2：3。

答　私たちはその時を知りません。これを知っておられ
るのは、ただ父なる神のみです。信仰者はキリストの
約束を信じ[1]、その日をつねに待望しているのです。[2]

マタイ 24：36、使徒 1：7、Ⅰテサロニケ 5：1−3、Ⅰペテロ 1：13

問289　終わりの日は、人間の業によって来らせることができますか。

答　いいえ、終わりの日は、人類のどのような建設的な業によっても、どのような破壊的な業によっても、来るものではありません。ただ、主イエス・キリストが権威と権力とをもって再び来りたもう時に来るのです。

　　　イザヤ61：10─11、ダニエル7：13─14、ダニエル7：23─27、ゼカリヤ4：6─9、マタイ24：1─51、マルコ13：5─27、ピリピ1：6、黙示21：1─2

問290　そうすると、「終りの日に備へつつ主の来り給ふを待ち望む」（註1）とは、何を意味しますか。

答　教会は、ただ主イエス・キリストのみが、私たちの唯一の希望と慰めであることを告白しつつ、終末的な業として、主から委託された福音の宣教（3）と聖礼典の執行（4）とをつとめる、ということを意味しています。

註　「日本キリスト教会信仰の告白」。
1）　マタイ24：44。
2）　Ⅱコリント1：5、Ⅱテサロニケ2：16─17。
3）　マタイ24：14、マルコ16：15、ローマ1：15、Ⅰコリント15：1─2、Ⅱテモテ4：1─5。
4）　マタイ18：15─20、28：19─20、マルコ14：22─25、ルカ22：14─20、Ⅰコリント11：23─29。

問291　終わりの日を待ち望むキリスト者は、現在どのような生活をすればいいのですか。

答　私たちはキリストが教会の主であるばかりでなく、

1) マタイ 28：18、ル
カ 10：21—22、ヨハ
ネ 18：37、Ⅰコリン
ト 10：26、エペソ 1：
21、コロサイ 1：15
—17、黙示 17：14。
2) ローマ 13：11—14、
Ⅰコリント 12：12—
31、エペソ 4：12—
16、5：8、6：12、ピ
リ ピ 1：27—28、 Ⅰ
テモテ 1：18—19。
3) ローマ 13：8—10、
ピ リ ピ 2：12—15、
Ⅰヨハネ 4：7—12。

世界と歴史との主でありたもうことを確信し、教会の
肢として、福音にふさわしく光の子として生活し、主
の戒めに従い愛と奉仕に励むべきです。[3]

問 292　キリストが世界と歴史との主でありたもうなら
ば、キリスト者は現実の国家秩序に対して、どのよう
な態度をとるべきですか。

答　教会とその肢であるキリスト者は、主の権威に対す
る感謝と畏敬とのうちに、国家の権威に対して服従と
奉仕とをすべきです。

箴 24：21、マタイ 22：21、ローマ 13：1—7、Ⅰテモテ 2：1—2、テ
トス 3：1、Ⅰペテロ 2：13—14、Ⅰペテロ 2：17

問 293　国家の権威に服従する限界は、どこにあります
か。

1) イザヤ 41：8、45：4、
ローマ 13：4。
2) 士師 5：31、ミカ 5：
9（新共同訳 8）、5：15（新
共同訳 14）、Ⅰペテロ
5：8—9、黙示 13：1
—18。
3) 詩 119：45—48、イ
ザ ヤ 8：11—13、Ⅰ
ペテロ 2：16。

答　現実の国家は、完全には、神の僕となりきることが
できず、時には、神の敵ともなりうるものですから、私
たちの服従は主にある良心と、キリストに対する服従
とをさまたげられない範囲内に限られます。それゆえ、
私たちは国家のどのような事態に際しても、神の言の権
威のもとで行動する良心の自由を失ってはなりません。
　また、教会は国家が神の国の似姿になるように祈り求
めなければなりませんが、それとともに、教会は信仰
の限界を超えて、国家に利用される機関となることを
拒否しなければなりません。

ダニエル3：18、ダニエル3：28、マタイ6：24、マタイ6：33、ルカ13：31—33、使徒4：19、ガラテヤ1：10、Ⅱテモテ2：9、ヘブル13：18

問294 国家の、教会に対する正しい態度はどうあるべきですか。

答 国家は、教会に対して、信仰の自由を保証し、福音の宣教と礼拝の自由を妨げてはなりません。なぜなら、国家の真の基礎は教会にあるからです。

1) ダニエル3：8—18。
2) 箴14：34、イザヤ2：3、31：1—9、Ⅰテモテ3：15—16。

使徒5：38—39、ガラテヤ5：1、ガラテヤ5：13、Ⅰペテロ2：16

問295 しかし、国家の非常な場合に、権力が要請するところに従うことなく、自分の良心の自由のみを守ろうとすることは、その秩序の中に置かれたものとしての、政治的責任を回避することになりませんか。

答 いいえ、そういう際に、終わりの日を待望しているキリスト者の、基本的な責任は、来りつつあるキリストの王国を告げ知らせることです。それゆえ、神の言に基づく良心の自由に従って決断することは、決して責任を回避することではありません。

列王上18：21、列王上18：36、イザヤ7：1—9、使徒20：24—25、使徒26：25—29、ピリピ2：15—18、Ⅱテモテ4：2、テトス2：15

問296 キリスト者は、終わりの日を待望するだけで、

過ぎゆくこの世の日常の仕事には無関心であってよい
のですか。

1）マタイ6：33、列王
上3：10—14。
2）マルコ10：43、ル
カ22：25—27、Ⅰテ
モテ6：2、黙示2：
19。

答　いいえ、キリスト者の地上の働きは、来るべき神の国
に対応した積極的な目的と意義とをもつものです。そ
れゆえ、自ら働いて、パンを得るとともに、神と隣人
とに仕える時[2]には、一般の職場も家庭も主の召命の
場所となるのです。

詩128：1—2、箴6：6、ヨハネ5：17、ヨハネ9：4、使徒20：33—
35、Ⅱコリント6：1、Ⅱテサロニケ3：6—13

問297　しかし、この世の職業には、神と隣人とに奉仕
する自由と喜びのない、ただ食べるための勤労[1]もあり、
また、不健全なもの[2]もありますが、こういう職業でも
召命といえるのですか。

1）マタイ6：25、ヤコ
ブ4：13—14。
2）詩141：4、Ⅱテサ
ロニケ3：11。

答　神の国を待ち望むキリスト者にとって、明らかに信仰
の良心に反する職業は、召命とはいえません。しかし、
その他の、無意味と見える勤労であっても、キリスト
者は信仰によって、これを召命にまで高められるので
す。

　　ただ、召命と信ずるどんな職業であっても、これを
重要視するあまり、第一のつとめである礼拝を軽んじ
てはなりません。実に神の言に聞く礼拝こそ働く生活
の中心です。

創世3：19、マタイ25：14—30、Ⅰコリント10：31

問298 では、職業を失い、または病床にふして働きえ
ない者は、積極的な生きる目的と意義とを失ったので
すか。

答 決してそうではありません。キリスト者の生活に、
積極的な生きる目的と意義とを与えるものは、この世
の職業や健康ではなくて、生ける神の言とこれに応答
する信仰と祈りのつとめです。それゆえ、この世の
職業を失い、あるいは病床にふした時こそ、最も深く
御言に聞き、耐え忍んで、ひたすら祈る恵みの時となり、
神の栄光をあらわす時となることを忘れてはなりませ
ん。特に隣人に対する最大の愛の奉仕は、隣人のため
に祈ることです。[2] このつとめの時はだれもキリスト者
から奪うことができません。

1) 詩50：14、ローマ
12：1、Ⅰペテロ2：9、
黙示5：8。
2) エペソ6：18、Ⅰテ
サロニケ5：25、ヘブ
ル13：18—19、ヤ
コブ5：15—16。

ヨハネ6：27—29、ヨハネ9：1—3、ヨハネ11：3—4、Ⅰコリント
12：7—9、ヤコブ5：7—11、ヤコブ5：13

問299 終わりの日に至るまで、あらゆる試練と苦難と
のもとに立つ教会と、その肢であるキリスト者のうち
に、つねに存続するものは何ですか。

答 それは信仰と希望と愛の三つです。[1] そして、そのうち
最も大いなるものは愛です。それゆえ、再び来りたも
う主を信じ、ただ主のみを望み、[2] 完き主の愛のうちに
生かされている教会とキリスト者は、終わりの日にも、
恐れることなく、顔と顔とを合わせて、主にまみえる
ものとされます。

終わりの日に対するこの確信に立って、共に声をあわ
せて祈りましょう。「アーメン、主イエスよ、きたりま
せ[3]」と。

1) Ⅰコリント13：8—
13。
2) ピリピ1：6、Ⅰ
テサロニケ5：23—
24、ヘブル10：19—
25、Ⅰペテロ1：5—
9、Ⅰヨハネ3：14、4：
7—12、4：16—21。
3) 黙示22：20、Ⅰコ
リント16：22。

解　　題

南　純

1.　はじめに

　「信仰問答（カテキズム）」の歴史はキリスト教会の歩みと共に始まります。主
イエスの弟子たちに対する「あなたがたはわたしをだれと言うか」という問いか
けに、ペテロは「あなたこそ、生ける神の子キリストです」（マタイによる福音
書 16 章 16 節）と答えていますが、この信仰告白的応答の中にいわばその一つ
の原型を見ることができるでしょう。また、ピリポから聖書の説き明かしを受けた
エチオピアの宦官が「ここに水があります。わたしがバプテスマを受けるのに、
なんのさしつかえがありますか」と問いかけたとき、ピリポは「あなたがまごこ
ろから信じるなら、受けてさしつかえはありません」と応じ、宦官から「わたし
は、イエス・キリストを神の子と信じます」という信仰の告白を導き出し、その
場で彼に洗礼を授けています（使徒行伝 8 章）。

　その後、古代教会では聖書正典の結集や信仰告白の制定を経て教会の基本が定
められ、次第に受洗志願者（カテキュメン）の信仰の教育には使徒信条・十戒・
主の祈り（三要文とも言われる）が用いられるようになっていきます。宗教改革
時代になると、まずルターによって 1529 年に問答体の『小教理問答書』と叙述
体の『大教理問答書』が出版され、前者は主として子どものため、後者は教師（牧
師）の教育のために用いられました。他方、改革派・長老派教会では、1542 年
に『ジュネーヴ教会信仰問答』、1563 年には『ハイデルベルク信仰問答』、そし
て 1648 年には『ウェストミンスター小教理問答』と『ウェストミンスター大教
理問答』が生み出されました（なお、「教理問答」と「信仰問答」とは日本語訳

の際の違いで、原語はいずれもカテキズムですが、ルター派と改革派では律法〔十戒〕の位置づけが異なるため、前者のカテキズムでは十戒・使徒信条・主の祈り、後者では使徒信条・十戒・主の祈りという順序で構成されています）。日本キリスト教会の『小信仰問答』や『大信仰問答』は改革派の伝統に従って使徒信条・十戒・主の祈りの順序を基本的な枠組みとしていますから、その点では明らかに改革派・長老派教会の信仰告白と信仰問答の神学的理解を引き継いでいると言えましょう。

2. なぜ「信仰問答」なのか?

(1) 離脱問題と信仰の告白

日本キリスト教会の信仰問答を理解するためには、やはりその出発点である「離脱」（正式には日本基督教団からの離脱）にまで遡らなければなりません。この日本基督教団からの離脱は、1951年5月に旧日本基督教会の39個の教会と3伝道所によって始まりましたが、その時一番大きな問題となったのは「信仰の告白」でした。その当時の日本基督教団にはたしかに教義の大要として「使徒信条」は掲げられていましたが、その理解や位置づけはまちまちで旧日本基督教会で育った者たちにとっては、信仰告白などないに等しく感じられ、そこで「信仰告白なしに教会なし」ということが強く主張されたのです。

その際、マタイによる福音書16章18節の「わたしはこの岩の上にわたしの教会を建てる」という約束の「岩」とは、カトリック教会が主張するように使徒ペテロではなくて、「あなたは生ける神の子キリストです」という彼の信仰告白にあるのだということが繰り返し強調されました。それはカトリック批判というよりも、教会と信仰告白との深い結びつきを示す言葉として用いられていたように思います。

(2) 旧日本基督教会信仰の告白（1890年）と
新日本基督教会信仰の告白（1953年）

そのように、「信仰告白なしに教会なし」という主張のもとに離脱を進めたわけですが、「信仰告白」というものは一朝一夕にできるものではありませんので、

1951 年 5 月の新日本基督教会創立の段階では、とりあえず 1890 年のいわゆる「旧日本基督教会信仰の告白」をもって出発したわけです。

　その 2 年後の 1953 年 10 月の第 3 回大会でようやく準備が整い、新しい「信仰の告白」が、憲法・規則とともに制定されました。もっとも、その信仰告白や憲法・規則は形の上でも内容的にも旧日本基督教会のものを大部分継承しておりました。

　たとえば、この「旧日本基督教会信仰の告白」について、桑田秀延は「日本基督教会の神学」（『神学の理解』、1939 年）において、「これらの伝統及び『信仰の告白』によって代表せられている神学思想は、福音主義的なものと言える。特に、カルヴィン主義的であるという訳でなく，寧ろ広い意味での福音主義である」と述べています。また、熊野義孝は『日本キリスト教神学思想史』（1968 年）の中で、「戦後、しばらくして制定された日本基督教団の信仰告白は旧日本基督教会の信仰告白と同工異曲、というよりも、ほとんどその踏襲である。その頃、日本基督教団を離脱した新しい日本基督教会が作成した告白文も同断。ただし、この方はやや教派神学的色彩を打ち出している」と書いています。ここで熊野は「やや教派神学的色彩」の内容を説明していませんが、何点か指摘できるように思います。

　その「やや教派神学的色彩」は、「永遠なる神の経綸」や「神の選び」の信仰にも表現されていますが、一番大きな特徴は、新しい信仰告白には教会に関する告白が追加されたことです。その点はすでに旧日本基督教会末期から意識されていたようで、1941 年の教団合同に備えた旧日本基督教会の教会合同準備委員会（信条委員会）において「合同教会信仰告白（案）」を作成していますが、それには教会に関するつぎのような告白が含まれていました。それは「教会は，基督の体、聖霊の宮、恩恵によりて選ばれたる団体にして福音の正しく宣伝へられ、洗礼及聖餐の二礼典の守らるるところなり。古への教会が聖書に基きて伝えたる左の告白に我等は亦同意す」というものでした。しかし、この告白は結局日の目を見ることがありませんでした。

　確かに、新しい「日本基督教会信仰の告白」には幾つかの新しい内容が付け加えられています。それは、①教会を聖書の言葉だけでなく、使徒信条などの〈聖徒の交わり〉と結び付けていること、②福音宣教と聖礼典のほかに信徒の訓練を

加えたこと、③教会の終末的性格を言い表したこと、④使徒信条に対する同意だけでなくて告白を強調している点などです。なお、②に関して、とくに改革派教会の特徴とされる信徒の訓練が加えられていることは注目されてよいでしょう。

　(3) 日本基督教会憲法（1953 年制定）の第 1 章第 1 条

　さて、1953 年 10 月の第 3 回大会において「信仰の告白」とともに憲法・規則も制定されたわけですが、その第 1 章第 1 条にはつぎのような但し書きが付けられていました。すなわち、「但し、信仰の告白および憲法・規則とともに、信仰問答を、別に保有する」という但し書きです。

　この「但し書き」は、1995 年の憲法・規則の改正によって、信仰問答が第 2 条の「信仰の規範」の箇所や第 3 条の「信仰問答」の箇所に盛り込まれたため、必要なくなりました。しかし、1953 年の時点では、「旧日本基督教会信仰の告白」のような短文信条で良いと言う者とこの際長文信条にすべきだと主張する者との間で意見の相違があり、その意を汲んでこの但し書きが付けられたと言われています。このように、新しい「信仰の告白」にはたしかに「教会論」は付加されましたが、さらに付加され、展開されるべき神学的分野も少なくないと考えられていたために、信仰問答による展開や教育的指導が要請されていたのではないでしょうか。

　ここで、この信仰問答の作成に関わった林三喜雄がつぎのように記していることを想起しておきたいと思います。「戦闘の教会は武装しなければならない。2000 年のみちを歩んだ教会が、それぞれの時代において、そのために用いた武具の一つは、『信仰の告白』と『信仰問答』である。……日本基督教会も、その創立の時において、既に、カテキズムの必要を感じ、その憲法の第 1 章において、『但し、信仰の告白および憲法・規則とともに、信仰問答を別に保有する』と規定し、委員をあげて、その作成に着手し、現在なほ進行中である。……殊に、現在の草案は『信仰の告白』を補足する意味もあって、神学的正確を期するあまり、やや難解となり、一般用には困難ではないかと思われる個処もあるように思う。或は小問答書を別に刊行する必要もあろうかと思う」(『福音時報』54 号、1957 年 6 月号)。

3. 信仰問答の作成

⑴『（大）信仰問答（1958年）』

つぎに、但し書きを実現するものとして用意された「信仰問答」について、取り上げておきたいと思います。その一つが今回取り上げられたいわゆる「大信仰問答」ですが、これは1958年に「信仰問答草案」として出版され、信仰問答制定委員会によって改訂されて、1980年の第30回大会に提案されましたが、出席議員の三分の二の賛成を得ることができず、否決されてしまいました。しかし、1995年の憲法改正によって信仰問答が「信仰の教育と訓練のため、また人々を信仰告白に導くため」と位置づけられたことを受けて、このたび第69回大会において改めて建議され、制定されるに至りました。

そこで、改めて大・小信仰問答の特徴や役割について簡単にふれておこうと思います。まず、「大信仰問答」ですが、これは「小信仰問答」との対比によって名付けられた名称ですが、その大部な内容（二部構成、14章、全299問答）をも表しているように思われます。基本的には、「大信仰問答」も、使徒信条・十戒・主の祈りを骨格としている点で伝統的な信仰問答（三要文）の枠組みを踏まえていますが、それを大きく信仰篇と生活篇という二部構成にしている点では明らかに「ウェストミンスター大教理問答」に倣っていると言えましょう。

ただし、両方ともはじめに「序説」を置いている点では似ていますが、後者はその「序説」においていわば聖書論を扱っているのに対し、前者はそれを信仰篇の冒頭にすえて、そこから使徒信条の各箇条を取り上げています。他にも、すでに指摘しましたように、前者は「公同の教会、聖徒の交わり」の箇所を「日本キリスト教会信仰の告白」の教会論（「教会はキリストの体、神に召されたる世々の聖徒の交わりにして、主の委託により正しく御言を宣べ伝へ、聖礼典を行ひ、信徒を訓練し」）に従って展開しているのが特徴です。これに対して、後者の教会論は大きく「見える（可見）教会」と「見えざる（不可見）教会」の区別を導入している点に特徴が見られます。また、「大信仰問答」の第二部（生活篇）ではもちろん十戒と主の祈りが取り扱われていますが、第11章の「教会生活と日本キリスト教会」（23問答）と「終わりの日」（21問答）とに大きな特徴があり

ます。以上のように、「大信仰問答」は「ウェストミンスター大教理問答」と同じ形式をとりながら、こうした特徴によってその固有な存在価値を持つものと言えるでしょう。

(2)「小信仰問答（1964年）」

299問答からなる「大信仰問答」に対して、「もっと簡単な信仰問答の必要」との意見が寄せられ、「三位一体論を基幹とし、使徒信条、十戒、主の祈りを含めて、100問内外でまとめる」（1964年『小信仰問答草案』あとがき）という方針によって、1964年に103問からなる「小信仰問答」が作成されました。こちらはご承知のとおり「ハイデルベルク信仰問答」を基本にして「ジュネーヴ教会信仰問答」などが加味されていますが、ここでも「終わりの日について」の問答はわずか2問ながら、特徴的なものとなっています。それは諸信仰問答に見られる死や死後の問題のみならず、この世界の最後にまで言及しているからです。

4. 信仰問答作成の背景

(1) 信条と信仰問答との研究と翻訳

以上見てきましたように、「大信仰問答」にしても「小信問答」にしても「ウェストミンスター大教理問答」や「ハイデルベルク信仰問答」にその基本を依拠しながら作成されてきました。しかし、それらが16世紀や17世紀に生み出された問答書（カテキズム）から直接生み出されたのではなくて、日本基督一致教会時代の翻訳（『覆刻・日本基督一致教会信仰ノ箇条』教文館、2013年）に始まり、その後も信条や問答書の研究と翻訳がなし続けられていたことを忘れてはならないでしょう。たとえば、

小山誠太郎訳『ハイデルベルヒ信仰問答』（長崎書店、1937年）

堀内友四郎訳『ウエストミンター信仰告白』（長崎書店、1940年）

東京基督教研究所訳『基本信條』（新教出版社、1946年）

竹森満佐一訳『ハイデルベルク信仰問答』（新教出版社、1949年）

浅倉重雄訳『ウエストミンスター信仰告白』（活水社、1952年。なお、これは合衆国長老教会ＰＣＵＳ版からの翻訳である）

などです。

　それらの歩みは石丸新『改革派カテキズム日本語訳研究』（新教出版社、1996年）に詳しく記されていますが、肝心なことはそれらがそれぞれの教会内でどのような形で実際に活用されてきたかでしょう。その点では、たとえば日本キリスト教会の「日曜学校誌」における各種カテキズムの解説なども再考するに価するでしょう。

　渡辺信夫「ジュネーブ教会教理問答」（『日曜学校』52，4 ～ 53，3）

　リレー解説「信仰問答草案を追うて」（『福音時報』59，1 ～ 10）

　永井春子「志道者教案（小信仰問答草案による）」（『日曜学校』63, 4 ～ 64, 3）

　今村正夫「説教（小信仰問答草案による）」（『日曜学校』72 春号～冬号）

　黒沢久男「日本基督教会信仰問答講話」（『福音時報』72、1 ～ 12）

　(2)「信仰の告白」と「信仰問答」との関係

　すでに見ましたように、「大信仰問答」は、「日本基督教会信仰の告白」が短文信条であるため、その内容を補い、より正確を期するために作成されたと言ってよいでしょう。その執筆者の一人である林三喜雄はつぎのように述べています。「私達は、この短文の中で能うかぎり改革主義の信仰の本質を明示しようと努めました。しかし、何分にもごらんの通りの短文信条ですので、十分には出来ませんでした。そこで、第三回の大会では、これを充足するための『信仰問答』の作成が決議されたのです」（「信仰問答の制定にあたって」、『福音時報』306 号、1978 年 6 月号）。

　そこに、信仰の告白と信仰問答との第一の関連が指摘されていますが、さらにもう一つ内容的な関連をも指摘しておかなければなりません。もちろん、信仰の告白は信仰問答全体の内容に関わっていますが、とくに教会論、聖礼典論、終末論には、「信仰の告白」がいわばその骨格を提供していると言ってよいでしょう。すなわち、「教会はキリストの体、神に召されたる世々の聖徒の交りにして、主の委託により正しく御言を宣べ伝へ、聖礼典を行ひ、信徒を訓練し、終りの日に備へつつ主の来り給ふを待ち望む」という信仰の告白が「大信仰問答」の骨格をなしていると見られるのです。

　なお、こうした点ではつぎの諸書も役立つでしょう。

永井春子『キリスト教教理』（日本基督教会教育委員会、1973 年）

久野牧『わたしたちの信仰』（日本基督教会教育委員会、1986 年）

桑原昭『信仰の学校』（日本基督教会出版局、1989 年）

登家勝也『「日本基督教会信仰の告白」の学び』（横浜長老教会、1990 年）

信仰と制度に関する委員会『「日本キリスト教会信仰の告白」解説集』
（2001 年）

奇数ページ下のイラスト＝藤本忠男　該当聖書箇所　☞

CATS
日本キリスト教会大信仰問答
ビジュアル版

発行日……二〇二〇年十二月十五日 第一版第一刷発行
定価……［本体一、八〇〇＋消費税］円
発行者……日本キリスト教会
発行所……日本キリスト教会
川越市吉田二―二 〒三五〇―〇八〇七
発売所……株式会社一麦出版社
札幌市南区北ノ沢三丁目四―一〇 〒〇〇五―〇八三二
電話（〇一一）五七八―五八八八 FAX（〇一一）五七八―四八八八
URL https://www.ichibaku.co.jp/
印刷……株式会社総北海
製本……石田製本株式会社
装釘……須田照生

ISBN978-4-86325-129-8 C0016

伝統的に受け継がれてきた信仰によって、現代に生きるわたしたちにも歩む道がさし示されている。

著者はこの信仰を、希望をもってわかりやすく語る。各会での学びに最適。

ドナルド・K・マッキム　住谷眞＊監・訳

現代に生きる改革教会の信仰

日本キリスト教会神学校植村正久記念講座

■A5判■定価［本体二〇〇〇＋税］円　ISBN 9874863250314

一九五一年の創立大会からの五十年の歩みを、膨大な歴史資料の上に立って記述。前史として、一八五九年の宣教師来日、日本基督公会、日本基督一致教会、日本基督教団の各時代にも言及。

日本キリスト教会歴史編纂委員会編

日本キリスト教会50年史――1951―2000

■菊判■定価［本体四五〇〇＋税］円　ISBN 9874863250338